HECHOS:

Colaborando en la Misión de Cristo

J. Estill Jones

Arnoldo Canclini
Traductor

CASA BAUTISTA DE PUBLICACIONES

CASA BAUTISTA DE PUBLICACIONES

Apartado 4255, El Paso, Tx. 79914 EE. UU. de A.

Agencias de Distribución

ARGENTINA: Rivadavia 3464, 1203 Buenos Aires
BELICE: Box 952, Belice
BRASIL: Rua Silva Vale 781, Río de Janeiro
BOLIVIA: Casilla 2516, Santa Cruz
COLOMBIA: Apartado Aéreo 55294, Bogotá 2 D. E.
COSTA RICA: Apartado 285, San Pedro
CHILE: Casilla 1253, Santiago
ECUADOR: Casilla 3236, Guayaquil
EL SALVADOR: 10 Calle Pte. 124, San Salvador
ESPAÑA: Arimón 42, 08022, Barcelona
ESTADOS UNIDOS: Broadman: 127 Ninth Ave.,
Nashville, Tenn., 37234
GUATEMALA: 12 Calle 9-54, Zona 1,
01001 Guatemala
HONDURAS: 4 Calle 9 Avenida, Tegucigalpa
MEXICO: José Rivera No. 145-1
Col. Moctezuma 1ª Sección
15500, México, D. F.
Vizcaínas 16 Ote.
México, D. F. 06080
Matamoros 344 Pte.
Torreón, Coahuila, México
NICARAGUA: Apartado 5776, Managua
PANAMA: Apartado 5363, Panamá 5
PARAGUAY: Pettirossi 595, Asunción
PERU: Apartado 3177, Lima
REPUBLICA DOMINICANA: Apartado 880, Santo Domingo
URUGUAY: Casilla 14052, Montevideo
VENEZUELA: Apartado 152, Valencia 2001-A

Clasifíquese: Estudios Bíblicos-NT

Número de Clasificación Decimal Dewey: 226.6

Primera Edición: 1974. Segunda Edición: 1981
Tercera Edición: 1987. Cuarta Edición: 1990

ISBN: 0-311-04339-9
C.B.P. Art. No. 04339

5 M 1 90

4812-38

CONTENIDO

Prefacio.. 5

1. Juntos en Jerusalén............................... 7

2. Lecciones sobre Cómo Resolver Problemas:
   Jerusalén... 21

3. La Iglesia Esparcida: de Jerusalén a
   Samaria y Cesarea.................................. 37

4. La Misión de Pedro: Judea y Cesarea........... 49

5. La Crisis en Desarrollo: Damasco,
   Antioquía y Más Allá.............................. 63

6. Libertad en Jerusalén.............................. 81

7. Un Mundo Necesitado: Macedonia 93

8. Ciudades Desafiantes: Atenas y Corinto.......109

9. Un Centro Misionero: Efeso 124

10. Testigo de Cristo sin Cadenas:
    de Jerusalén a Roma 140

Colección Estudios Bíblicos Básicos 4

Cómo Estudiar Este Libro 158

Otros Libros de Esta Colección 160

COLECCION ESTUDIOS BIBLICOS BASICOS

Durante muchos años la Casa Bautista de Publicaciones ha publicado, anualmente, un comentario sobre un libro de la Biblia para su *"Estudio Bíblico Anual"*. La publicación se ha ido alternando entre libros del Antiguo y Nuevo Testamento.

Ahora, todos estos libros publicados son parte de esta colección que, salvo excepciones, se va engrosando cada año, hasta tener un comentario de toda la Biblia.

Aunque los comentarios están expuestos en forma sencilla y clara, son eminentemente profundos y substanciosos porque han sido escritos por personas eruditas en el estudio y exposición bíblicos. Casi sin excepción, los autores han sido o son profesores de seminarios a cargo de la materia "Interpretación Bíblica", la que han ido enriqueciendo por haberla expuesto en períodos sucesivos.

De ese modo, cada libro es el producto tanto de la experiencia, como de la erudición. No obstante, al ser editados, esta Casa tuvo especialmente en cuenta que estos libros serían usados por pastores ante sus congregaciones a modo de estudio intensivo en una semana, conferencias sucesivas durante un mes o mensajes o sermones una vez por semana para congregaciones deseosas de inspiradora exposición textual y de un libro completo de la Biblia.

De allí que, la COLECCION DE ESTUDIOS BIBLICOS BASICOS, llegue a ser un recurso precioso para predicadores, profesores, maestros y todo siervo de Dios que guste exponer las Escrituras y afirmar al pueblo de Dios en "la verdad que permanece".

Ananías González

Prefacio

El libro de Hechos puede ser leído e interpretado en una diversidad de formas. Por ejemplo, puede ser leído como una suerte de diario en tercera persona, con la crónica del avance geográfico del evangelio. Para este tipo de lectura los mapas son importantes. Se describen los viajes de los primeros misioneros cristianos y se encuentra placer en el progreso del evangelio. La experiencia es interesante y tiende a confirmar la fe cristiana del lector.

Otra forma de leerlo e interpretarlo se basa en la idea de la difusión del evangelio. Además de los mapas, esta forma de leer el libro requiere la empatía del lector. O sea que debe entrar en el impulso íntimo de los acontecimientos de Hechos. Debe ser sensible a la influencia y al fondo que crearon diferentes puntos de vista dentro de la fraternidad cristiana. Se sienten emociones, y la tensión del conflicto es real. Una lectura así hace participar de la vida tal como la conocemos.

En esta forma de leer, la dirección del Espíritu Santo en Hechos se ve en tres dimensiones: el movimiento en el tiempo, en el lugar y en las personas implicadas. Hay una profundidad de realidad que concuerda con la propia experiencia del lector.

El autor de este libro ha trabajado para alcanzar el efecto de ambas maneras de leer e interpretar Hechos. Vemos el avance físico del evangelio, pero vemos más. Se nos lleva a captar una visión en profundidad de la fricción que surge a menudo en las relaciones interpersonales estrechas. Vemos el choque de interpretaciones opuestas de la verdad evangélica. Vemos motivaciones —tanto buenas como malas— actuando en la vida de las personas. En todo ello vemos a Dios trabajando a través de su Espíritu, a los hombres captando las más profundas verdades evangélicas, y todo lo que esas verdades implican.

El doctor Estill Jones ha puesto por escrito en estas páginas su fondo de capacitación y experiencia que le adecúa para esta exigente tarea. Los primeros años de su ministerio fueron invertidos como profesor de los jóvenes predicadores en el Seminario Bautista del Sur, en Louisville, Kentucky. En esos años, el autor enseñó griego e interpretación del Nuevo Testamento. A partir de 1959 el doctor Jones sirvió por tres años como pastor de la Primera Iglesia Bautista de Chatsworth, Georgia. Luego siguió un pastorado de once años en Thomson, en la Primera Iglesia Bautista. Poco después aceptó el encargo de este escrito, cuando se trasladaba a la Iglesia Bautista de Dogwood Hills, en East Point, Georgia, un suburbio de Atlanta. Actualmente sirve a la iglesia allí. El rico fondo de experiencia del doctor Jones, amén de sus capacidades de intérprete, nos son de provecho a todos en este libro de estudio bíblico para el año 1975.

Cuando se lean estas páginas uno podrá descubrirse a sí mismo y a los miembros de la propia iglesia. Se reconocerá la similitud entre los problemas que existían en la primera centuria y los propios. Esperamos que todos leerán con una creciente confianza en el poder de Dios para dirigir, por medio de su Espíritu, a los miembros y las iglesias a medida que procuran trabajar juntos en la misión de Cristo.

El editor

1

Juntos en Jerusalén

Hechos 1:1—4:31

¿Cuál es el título de Hechos en su Biblia? En algunas versiones se lee simplemente "Hechos". Quizá usted tenga una versión que diga "Hechos de los Apóstoles". Este es el encabezamiento tradicional, y la mayoría de las versiones bíblicas tienen esa expresión.

Sin embargo, uno de los personajes más prominentes en Hechos es Pablo, quien se llamó a sí mismo "El postrero de los apóstoles" (1 Cor. 15:9). Amén de ello, Pablo interpretaba su vida cristiana en términos de una misión dada por Dios (Hechos 26:16-23). O sea que Pablo sentía que Dios estaba en acción en el mundo por medio de él. Era un instrumento que Dios usaba.

Rápidamente se recuerda a otras personas de Hechos que no eran apóstoles: Felipe, Esteban, Bernabé, Silas, Timoteo y, por supuesto, Lucas, el autor del libro. Ellos también fueron instrumentos que Dios usó para hacer su obra en el mundo.

Además, en Hechos se describe claramente la obra del Espíritu Santo. Estaba presente en Pentecostés. Usó el testimonio de Esteban y su martirio. El Espíritu Santo cayó sobre los gentiles en Cesarea. La conversión de Saulo fue la obra del Espíritu Santo. Antioquía llegó a ser un centro del poderoso movimiento del Espíritu entre los gentiles. Pablo y Bernabé fueron guiados por el Espíritu en su misión a Chipre, Siria y Galacia. La decisión del concilio de Jerusalén fue atribuida al Espíritu Santo. Pablo y Silas fueron dirigidos por el Espíritu desde el norte de Galacia a Macedonia y Acaya. Pablo recibió la seguridad de la dirección del Espíritu en su ofrenda para Jerusalén. Después de su arresto y encarcelamiento, Pablo recibió la seguridad por medio de un mensajero, o ángel de Dios. El Espíritu Santo está activo a lo largo de todo el libro de Hechos.

Entonces, ¿los hechos de quién estudiamos? Cualquier respuesta que podamos dar puede decirse que son los hechos de Dios. El Dios que actuó por medio de Abraham, Moisés y los profetas; el Dios que actuó en Cristo, éste es el Dios que, por el poder del Espíritu y la disposición de su pueblo, está en acción. El libro de Hechos es el registro de los hechos de Dios. Dios estaba actuando por medio de su pueblo, quien, al trabajar en unión, estaba cumpliendo la misión de Cristo. Hoy no es distinto.

1. Interpretando el libro de Hechos (1:1-11)
Prólogo (1:1-5)

Los versículos introductorios del libro de Hechos relacionan el evangelio proclamado por Jesús en palabra y acción con la obra continua de la Iglesia. Los seguidores de Jesús hablan y actúan, pero lo hacen esencialmente según *sus* lineamientos y *sus* acciones. Su Espíritu les sirve como conductor. Confían en la promesa de Jesús: "Seréis bautizados con el Espíritu Santo (1:5). El autor relaciona el Evangelio de Lucas con el libro de Hechos: "En el primer tratado, oh Teófilo, hablé acerca de todas las cosas que Jesús comenzó a hacer y enseñar" (Hechos 1:1). Lucas estaba dedicado a las "cosas que entre nosotros han sido ciertísimas" (1:1). Hechos describe las acciones de aquellos que han sido testigos de su cumplimiento.

No se revela la identidad de Teófilo. Por cierto, el nombre de Lucas mismo no aparece en ninguno de los dos libros. Quizá Teófilo era el amor que alentó la redacción. La tradición supone muchas cosas. Su nombre sirve para relacionar el evangelio con Hechos. Esta dedicatoria es la relación obvia, pero se ve confirmada por la correlación de Hechos con el evangelio en su estilo y contenido.

El libro de Hechos debe ser entendido con el fondo del ministerio de Cristo. El propósito del libro es sugerido en estos primeros y breves párrafos. Dado que el reino de Dios era un tema favorito en el ministerio de Jesús, el prólogo incluye este tema en su resumen de los días después de la resurrección: "hablándoles acerca del reino de Dios" (v. 3).

Una pregunta significativa (1:6-8)

Quizá el énfasis de Jesús en el reino llevó a los apóstoles a hacerle la pregunta: "Señor, ¿restaurarás el reino a Israel en este tiempo?" (v. 6). Era una pregunta con mucho contenido, y reflejaba sus esperanzas nacionalistas. No parecen haber compartido la interpretación de Jesús de un reino espiritual, sino que expresaban la antigua esperanza mesiánica de un reino davídico. El uso del término "reino" por parte de David hacía referencia a la soberanía, al dominio de Dios. No estaba limitado por fronteras geográficas ni políticas. Los discípulos habían dado muestras de una incomprensión similar antes de la muerte de Jesús. ¿Qué había luego de la resurrección que pudiera quitar de ellos la esperanza popular judía?

La respuesta del Señor fue amable: una apelación a la fe en el Padre (v. 7). La promesa anterior sobre el Espíritu Santo fue repetida. Su poder les capacitaría para expandir su visión, profundizar sus puntos de vista, romper las cadenas del prejuicio nacional y ofrecer gratuitamente a los hombres el reino de Dios (v. 8).

Un bosquejo popular del libro de Hechos señala el movimiento del evangelio de Jerusalén a Judea, luego a Samaria y finalmente "hasta lo último de la tierra". Este concepto sobre Hechos es válido. Sin embargo, en el libro aparece otro movimiento igualmente importante. Es el movimiento del cristianismo desde una estrecha celda hebrea a las personas de origen griego y otros gentiles. En este desarrollo, todos recibían el ofrecimiento de la ciudadanía del reino de Dios. De hecho, el libro no nos dice todos los medios por los cuales el evangelio llegó "hasta lo último de la tierra". Se describe la llegada del apóstol Pablo a Roma, pero él fue recibido por cristianos que ya estaban allí.

El doctor Frank Stagg ha hecho una excelente observación sobre la expresión adverbial "sin impedimento".[1] Esta es la última palabra en el texto griego de Hechos. Bien puede describir la libertad alcanzada al fin por el evangelio, que es sugerida al principio del libro (v. 8). Entendida así, Hechos es la historia de la lucha por un evangelio "sin impedimentos". Todas las barreras han desaparecido ante el poder del Espíritu Santo. El reino de Dios se ha hecho real en las vidas de todo tipo de hombres y mujeres. El énfasis está puesto sobre la restauración de *Israel* al reino, y no del *reino* a Israel. Resulta significativo que Jesús y sus seguidores hablaron sobre el reino (vv. 6-8) antes de que comenzara la obra en la misión de Cristo.

Las mismas técnicas cuidadosas del primer volumen (Lucas 1:1-4) son evidentes en el segundo (Hechos 1:1-5). Estas técnicas incluyen la recolección de información y su desarrollo ordenado. Es difícil poner al libro una fecha exacta. Para el evangelio generalmente se acepta una fecha posterior a la destrucción de Jerusalén en el año 70, y quizá eso llevaría a Hechos a la década luego del 80. En esa época el cristianismo judío había llegado a ser primordialmente algo ya de la historia. La narración resultaba de interés especialmente para los cristianos judíos que, como Teófilo, deseaban una nueva seguridad sobre los comienzos.

La identidad de Lucas, el médico amado (Col. 4:14), como autor, es el reflejo de una antigua tradición. Un elemento de interés en cuanto a la paternidad es la introducción de la primera persona en la narración como ocurre en Hechos 16:10. Cuando Pablo vio la visión macedónica en Troas, inmediatamente *"procuramos* partir para Macedonia"*. Esto sugiere que el autor se había unido al grupo en aquella zona. Más tarde (16:19), se interrumpe la sección que se habla en primera persona, para volver a usarse sólo en 20:6. El libro ha sido aceptado generalmente por la iglesia como un relato fiel de sus primeros años. El autor estaba inspirado por el poder del Espíritu Santo para registrar los hechos.

2. La Iglesia reunida (1:22-26)

La súbita partida de Jesús bien podría haber hecho separar a los apóstoles. En cierta medida se habían recuperado de su dolor después de la muerte del Señor. Le habían visto por cuarenta días. Sus esperanzas, reencendidas por su presencia, ahora se veían apagadas por su partida. Sin embargo, permanecieron juntos. Las palabras usadas para describir su fraternidad son variadas: "unánimes" (v. 14), "en medio de los hermanos" (v. 15), "reunidos" (v. 15), "todos unánimes juntos" (2:1). La palabra más significativa -*koinonía*- aparece más tarde en 2:44. Esa palabra describe una relación mutua que podría ser la meta de toda fraternidad eclesiástica hoy. Nadie en el grupo pretendía sus propios derechos o posesiones: tenían todas las cosas en común. Aunque algunos acusarán a estos cristianos primitivos de ser más idealistas que realistas, el hecho del amor de los unos por los otros y su poder espiritual resultan bien claros.

¿Qué habrían de hacer juntos? Cuando Jesús enfrentaba una crisis, oraba . . . y les alentaba a orar. Así es como ellos oraron "unánimes" (1:14). Sólo se había perdido de la fraternidad uno de los doce apóstoles primitivos. La traición y muerte de Judas debe haber sacudido especialmente a Pedro. El mismo estuvo cerca de la deserción. No era un cuadro atractivo. El autor describe cómo la Iglesia llenó el lugar vacante por el trágico fin de Judas (1:16-26).

El nuevo miembro de los doce tenía como requisito el ser testigo de la resurrección. Esto era primordial, pero también debía haber estado con ellos desde el bautismo de Jesús hasta su ascensión. No se sabe nada más sobre Matías, el que fue elegido, pero en realidad Hechos no nos dice nada de la mayoría de los doce. Estaban en fraternidad, en una fiesta notable. Completaron su organización después de orar, y esperaron que viniera el poder de Dios. ¿Cuál era el poder de Dios disponible para su Iglesia?

3. La venida del Espíritu Santo (2:1-47)

La fiesta de Pentecostés era una celebración judía de importancia. En la práctica era una celebración agrícola, que señalaba el quincuagésimo día después de la ofrenda de la cebada recién cosechada. Esta ofrenda era parte de la fiesta de los panes sin levadura. Pentecostés, la Fiesta de las Semanas,[2] recibió ese nombre porque estaba fijada para cincuenta días, o siete semanas después de la pascua. Se esperaba que los hombres judíos estuvieran para esta fiesta, y también en la de pascua y los tabernáculos. Para esta fiesta venían judíos a Jerusalén de todas partes del mundo. Aquella pascua, ese año, había sido el marco de la crucifixión de Jesús. Sin embargo, sus amigos habían encontrado fortaleza en su resurrección y su comunión entre sí.

El hecho (2:1-8)

La venida del Espíritu no puede ser separada de su efecto en aquellos que la experimentaron y testificaron de su presencia. Aquí Lucas es más conciso en sus detalles, aun más que en la crucifixión y la resurrección. La experiencia era fundamentalmente de naturaleza espiritual.

Se produjo "un estruendo como de un viento recio" (v. 2), y la casa fue llena con él. La palabra que Lucas usa se puede traducir tanto "Espíritu" como "viento". La visión de "lenguas como de fuego" (v. 3) fue compartida por el grupo. Sus propias lenguas fueron sueltas al oír el Espíritu. El Espíritu llenó a aquellos primeros testigos, y así tuvieron algo que decir.

El efecto (2:9-11)

El efecto de Pentecostés se relaciona estrechamente con el evento. Había judíos presentes de todas partes. Estos judíos generalmente se sentían molestos porque eran incapaces de comprender y usar la lengua hebrea. Al oír esta conmoción, una multitud de ellos "se juntó" y escuchó a los hombres que hablaban en su propio idioma sobre las poderosas obras de Dios. Oían y entendían. El experimento de la torre de Babel terminó en una confusión de idiomas (Gén. 11:1-9) y de división. Pentecostés aportó la comprensión y la unidad.

La explicación (2:12-38)

Como sucede a menudo la turba buscó una explicación física para este hecho espiritual: "Están llenos de mosto" (2:13). La acusación requería una explicación, y el resultado fue el sermón de Pedro. Era demasiado temprano en el día para estar ebrios —así dijo Pedro— pero nunca demasiado temprano para que obrara el Espíritu. La explicación relacionó a Pentecostés con la profecía de Joel (2:28-32). Entonces, Pedro habló sobre la vida y la muerte de Jesús. Los cuarenta días con Jesús después de la resurrección no habían sido en vano. Las referencias de Pedro a los salmos son similares a la interpretación que les dio Jesús. La Iglesia primitiva creía que las profecías del Antiguo Testamento se cumplieron en el ministerio de Jesús y en la presencia del Espíritu en su medio.

Los sermones de Hechos concuerdan perfectamente con lo que sabemos de las creencias de los primitivos cristianos. Aparentemente Lucas tuvo acceso a los principales personajes de la historia y a otros que fueron testigos de los hechos. En su mayor parte los sermones contenían la historia del evangelio. Se habla de ellos como del *kerygma*, sobre el cual C. H. Dodd ha escrito:

En su forma más resumida, el *kerygma* consistía en el anuncio de ciertos hechos históricos en un cuadro que demostraba la trascendencia de esos hechos. Los hechos en cuestión eran los de la aparición de Jesús en la historia —su ministerio, sufrimientos y muerte, y su manifestación posterior de sí mismo a sus seguidores, ya levantado de entre los muertos y revestido de la gloria de otro mundo— y el surgimiento de la Iglesia como una sociedad que se distinguía por el poder y la actividad del Espíritu Santo, y mirando hacia el futuro en espera del regreso de su Señor como Juez y Salvador del mundo.[3]

Esta declaración provee un buen resumen del evangelio tal como fue predicado por la Iglesia primitiva. Todos estos hechos fueron una parte del propósito redentor de Dios.

La recomendación a la multitud -"Sepa toda la casa de Israel"

(2:36)- atenaceó sus conciencias ("les cortó hasta el corazón", v. 37, *New English Bible*).[4] Cuando Pedro acusó a la "casa de Israel" de la crucifixión de su muy esperado Mesías, ellos oyeron y también comprendieron. Dios había dado el señorío a Cristo, de la misma manera que había atestiguado su mesiazgo. La intervención de la crucifixión no podía evitar el propósito de Dios. La victoria final pertenece a Dios.

Pedro no trató temas teológicos en profundidad. Adecuó las buenas nuevas a sus oyentes. Su clara invitación ha llegado a ser clásica y, sin embargo, está relacionada estrechamente con el permanente clamor de Juan el Bautista: "Arrepentíos (Mateo 3:2). Los antiguos profetas llamaban a Israel a "volverse" (Is. 31:6; Joel 2:12, 13). El arrepentimiento recoge ese clamor: "Volveos de vuestro rechazo de Jesús; volved a Dios". Quizá algunos de ellos habían oído los informes del testimonio y el bautismo de Juan. ¿Acaso él no había hablado de un hecho así? (Ver Lucas 3:16).

Todos estaban incluidos en la invitación, aunque muchos, que habían ido a Jerusalén por primera vez, no tenían nada que ver con la muerte de Jesús. Todos tenían que arrepentirse; todos tenían que someterse al juicio purificador de Dios. Esto era simbolizado en el rito cristiano del bautismo, y todos debían ser bautizados. Más tarde se harían explicaciones más profundas sobre el bautismo (Rom. 6:1-11), pero aquí sencillamente sigue al arrepentimiento. La promesa del perdón es coherente con la misericordia divina.

El versículo 38 es citado a menudo como prueba de que el bautismo es esencial para la salvación. Esta interpretación se basa en el método de "textos de prueba" para la interpretación bíblica. Una regla para la interpretación de cualquier versículo bíblico es que su explicación debe ser verdadera ante las enseñanzas claras que se encuentran en el Nuevo Testamento. La enseñanza uniforme del Nuevo Testamento es que la base para la salvación es la fe en Cristo y su obra redentora (Ver Gál. 3:13, 14; Ef. 2:8-10; 1 Ped. 2:22-25; Jn. 3:36). Dios no usa el bautismo para producir la salvación.

La palabra clave (*eis*) en Hechos 2:38 en inglés ha sido traducida de varias maneras. (En castellano, hasta donde sabemos, siempre ha sido traducida "para". *N. del Trad.*) Cualquiera de esas traducciones sugiere que la salvación es el resultado de la fe en Cristo y el bautismo. Los que enseñan que el bautismo es una parte vital de la salvación consideran así ese versículo. Sin embargo, la palabra griega *eis,* cuando se usa con el caso acusativo, puede ser traducida como sentencia causal. O sea que el bautismo puede ser el resultado de la fe en Cristo, y no el medio parcial de salvación. En un análisis de este pasaje el doctor Frank Stagg presenta una traducción que se mantiene acorde con la enseñanza sencilla del Nuevo Testamento, y fiel a la construcción griega: "Arrepentíos, y que cada uno de vosotros sea bautizado en el nombre de Jesucristo, *sobre la base* (subrayado del autor) del perdón de vuestros pecados, y recibiréis el don gratuito del Espíritu Santo."[5]

La extensión (2:39-47)

La promesa del Espíritu Santo se relaciona con el arrepentimiento, porque Dios llama aun a "todos los que están lejos" (v. 39). De ese modo las buenas nuevas de Dios se extendieron a un gran grupo de judíos no palestinos. Fueron bautizados tres mil que creyeron, y se unieron a la comunión en Jerusalén. Sin embargo, ellos volvieron a Partia, Mesopotamia, Egipto y Roma, y allí llegaron a ser testigos de aquellos hechos.

Pentecostés es una dramática escena en el libro de Hechos. Lo que aconteció significó la plenitud de aquellos testigos primitivos con el Espíritu Santo. El efecto fue la comprensión masiva: "Les oímos hablar en nuestras lenguas las maravillas de Dios" (2:11). La explicación fue un sermón evangélico. La extensión del evangelio parecía asegurada. ¡Aquello fue Pentecostés!

Los creyentes estaban juntos. Los apóstoles estaban enseñando. La fraternidad era atractiva. Comían y oraban juntos. Iban diariamente al templo juntos. Tenían buena reputación en Jerusalén. "Y el Señor añadía cada día a la iglesia a los que habían de ser salvos" (2:47). ¿Qué podía esperarse de una comunión como aquélla? Podía esperarse alguna oposición de parte de aquellos que se opusieron a Jesús. Y podía esperarse un milagro.

4. La curación del cojo (3:1-10)

Juntos en el templo

Los acontecimientos relatados en Hechos fueron seleccionados de entre muchos otros que podrían haber ocurrido. Este suceso particular mereció ser considerado. La iglesia aún no había roto con el templo. Gran parte del ministerio de Jesús había sido en la vecindad del templo; por ello sus seguidores consideraron que era un lugar especial para reunirse. Se consideraba que ciertas horas eran preferibles para la oración. Pedro y Juan eligieron una hora de la tarde. Como la iglesia moderna, el templo era no sólo un buen lugar para la oración, sino también para pedir y dar limosnas.

¡Qué lugar envidiable para el cojo mendigo: la puerta del templo! Esto dice algo sobre la gente que iba al templo judío. El cojo esperaba que los que iban a adorar fueran gente fácil de conmover; vino al lugar donde podía esperar ayuda. Como pedir limosna era una tarea honorable para un cojo, él ocupaba su puesto diariamente.

Pedro y Juan, influyentes líderes de la iglesia cristiana, eran una buena perspectiva para el hombre. El les pidió una limosna. Le dieron más de lo que pidió; le dieron lo que tenían. La traducción del v. 6 es especialmente clara: "Lo que tengo te doy". ¿Qué haría un hombre moderno al ir a adorar? ¿Mandaría al cojo a las autoridades de bienestar social de la comunidad? ¿Trataría de pasar por alto sus lamentos? ¿Se apuraría a entrar al culto de oración? Pedro se detuvo y lo miró fijamente: "Míranos" (v. 4). La expectativa del cojo se debe haber reencendido. Pedro y Juan sintieron la necesidad más profunda del hombre. Quizá algún otro hubiera dado al hombre plata u oro; ellos le dieron el don divino de la sanidad.

El hecho (3:6-8)

Todo nos lleva al hecho en sí: la curación del hombre. La curación fue un acto de Dios y el pedido de que ocurriera fue hecho por el pueblo de Dios en nombre de Jesucristo (v. 6). Pronunciar el nombre de Jesús no era un encantamiento mágico, sino una oración. Jesús había alentado a sus seguidores a que pidieran "en mi nombre" (Juan 14:13, 14). (El nombre de una persona era frecuentemente una indicación de su carácter. El nombre de la deidad era sagrado y reservado para las peticiones en oración. El libro de Hechos refleja y respeta esta significación. No debe asombrarnos que la falta de respeto al nombre de Dios es descrito como profanación.

La palabra fue seguida por el milagro. Una palabra por sí carece de significado, porque la palabra debe encarnarse para ser oída. Pedro tomó la mano del hombre —¿sería sucia o deforme?— y le levantó sobre sus pies. Este discípulo de Jesús no era ni el sacerdote ni el levita quienes pasaron de largo (ver Lucas 10:30-32). El se colocó dentro de la situación en que estaba el cojo. Una nueva fuerza apareció en los tobillos del hombre; una nueva vida surgió en sus huesos.

El efecto (3:9-11)

El efecto inmediato fue la sorpresa de la multitud. El hombre sanado entró en el templo con Pedro y Juan, pues no quería perderlos de vista. Pedro y Juan le habían dado lo que tenían ("Lo que tengo te doy"), y el hombre sanado siguió su ejemplo: "Entró . . .andando, y saltando, y alabando a Dios" (v. 8). "Todo el pueblo le vio" (v. 9). Una curación genuina, sea física o espiritual, es excitante para la mente popular. Siempre atrae a una multitud. ¿Cuántos de ellos habrían pasado junto al hombre o le habrían dejado caer una moneda en la mano? ¿Cuántos de ellos se habrían preguntado por qué era cojo?

La explicación (3:12-26)

La explicación de Pedro procedió en forma de sermón, ¿Cómo podía Pedro dejar de explicar lo acontecido? El bosquejo del sermón es igual a otros . . . entonces y ahora:

Dios continúa en actividad (vv. 12-15)
- a pesar de vuestro rechazo de Jesús;
- a pesar de la crucifixión;
- como se evidencia en la resurrección.

Este hombre ha creído en Jesús (v. 16)
- ustedes le conocen;
- él ha sido sanado.

Ustedes también pueden conocer la bendición de Dios (vv. 17-26)
- arrepiéntanse y sean perdonados;
- acepten a Jesús como el que fue prometido;
- gocen todos de las bendiciones de Dios.

La ilustración del sermón era bien clara: la sanidad del cojo. La esperanza que Jesús cumplió había sido mantenida durante largas generaciones: Moisés y todos los profetas, comenzando con Samuel, "en adelante" (3:24). Vuelve atrás hasta Abraham y la promesa de Dios para él. Se cumplirá plenamente en la "restauración de todas las cosas" (3:21) cuando el Señor vuelva.

Crecimiento de la Iglesia (4:1-4)

La reunión de la multitud provocó a las autoridades. Como resultado, Pedro y Juan fueron arrestados. Sin embargo, como el hecho había sido realizado y la palabra había sido escuchada, el crecimiento de la iglesia era inevitable. Muchos oyeron y creyeron, y en la congregación llegaron a contarse cinco mil varones.

El hecho fue la curación del cojo; el efecto fue la popularidad inmediata para Pedro y Juan; la explicación fue un sermón evangélico; la extensión del evangelio era de dos mil creyentes más. Ellos y los apóstoles estaban juntos en Jerusalén.

5 Juicio y liberación (4:5-20, 23, 31)

Una reunión del Sanedrín (4:5-7)

Las fuerzas opuestas a la iglesia cristiana también estaban juntas en Jerusalén. Los nombres de las personas destacadas eran familiares: Anás, un ex sumo sacerdote, y Caifás, que ahora ocupaba ese puesto (Juan 18:24). En aquella época el sumo sacerdocio era un premio político, concedido al mejor postor por el gobierno romano. El único requisito real parece haber sido el de que perteneciera a la familia. En el tiempo de Jesús Caifás era sumo sacerdote; Anás, suegro de éste, era el jefe de la familia. Aunque Juan y Alejandro (4:6) no son tan familiares al lector moderno, deben haber sido bien conocidos cuando Lucas escribió. La extensión del evangelio se hace notar un poco después: "también muchos de los sacerdotes obedecían a la fe" (6:7). Quizá Lucas está anticipando este progreso aquí. Es de interés la relación entre el "otro discípulo" de Juan (18:15) y el sumo sacerdote.

El sanedrín se reunió con desesperación. Habiéndose librado de Jesús ahora se veían envueltos por sus seguidores. La corte de investigación se centró en la curación milagrosa. Podían discutir sobre el sermón, pero el hombre que había sido curado era un asunto difícil de cuestionar. Su pregunta fue una demostración de futilidad: "¿En qué nombre habéis hecho vosotros esto?" (4:7).

Un sermón de evangelización (4:8-12)

La pregunta del sanedrín dio lugar a un breve sermón de evangelización. Presenta la idea de que la crucifixión de Jesús fue seguida por su resurrección, y que la curación del cojo fue hecha por el poder del nombre de Jesús. Además, Pedro sostuvo que esos sucesos eran el cumplimiento de las profecías; que el camino de salvación podía encontrarse en Jesús. Se describe a Pedro como "lleno del Espíritu Santo" (v. 8). Tenían el valor del Espíritu para dar su testimonio. ¿Acaso Jesús no había prometido aquello? (Ver Mateo 10:19, 20).

El poder que se encuentra en el nombre de Jesús es un tema frecuente en estos primeros capítulos. La fe en el nombre de Jesús es una de las señales marcadamente características de la Iglesia primitiva. El nombre de Jesús representó su esencia: "Llamarás su nombre Jesús, porque él salvará a su pueblo de sus pecados" (Mateo 1:21). Esta salvación estaba reservada exclusivamente para aquellos que creían en ese nombre. El nombre de Jesús sigue siendo la más clara expresión de la gracia redentora de Dios, porque ese nombre significa "el Señor es salvación". Antes de Jesús otros habían tenido ese nombre, que en hebreo es "Josué". Sin embargo, ninguno había sido "la imagen del Dios invisible" (Col. 1:15); ninguno había sido la Palabra de Dios hecha carne (Juan 1:14).

¿Y la piedra rechazada (v. 11)? La piedra rechazada es una imagen popular en el Nuevo Testamento. Puede ser encontrada ya en el Salmo 118:22, que es un salmo de regocijo por la salvación de Dios. ¿Había alguna gran piedra en la antigua Jerusalén, cerca del sitio en que se construyó el templo? El tamaño de las piedras que se usaron en los fundamentos del templo era notable. ¿Había sido rechazada alguna piedra que más tarde llegó a ser piedra de ángulo? Aun hoy la piedra más grande del mundo es mostrada por los guías en el Medio Oriente. Fue cortada y parcialmente movida, pero todavía, después de muchos siglos, espera para ser usada en un digno proyecto edilicio. Esta piedra del salmista cautivó la imaginación espiritual de los escritores del Nuevo Testamento. Tres de los evangelios incluyen una referencia a ella hecha por Jesús (Mateo 21:42; Marcos 12:10; Lucas 20:17). La carta a los efesios (2:20) usa la figura de la piedra con referencia a Jesús. Lo mismo hace 1 Pedro 2:7. El motivo del rechazo, por supuesto, es el mismo en todas las explicaciones de la cruz. Los hombres de Israel rechazaron a Jesús, pero Dios le levantó. De ese modo, Dios frustró los malos propósitos de los hombres y cumplió las antiguas esperanzas de su propio pueblo.

El impotente sanedrín (4:13-17)

Las autoridades religiosas se enfrentaron a un verdadero dilema: ¿Qué podían hacer? ¿Cómo podía controlar a aquellos "hombres sin letras" (ignorantes) (v. 13)? Aunque ninguno había sido enseñado en la escuela de los rabinos, eran bien capaces. Después de todo, ellos habían estado con Jesús. Su vida y sus enseñanzas eran todo lo que podía hablar. El cojo estaba allí como un ejemplo del poder de Dios, y los gobernantes no podían negar el milagro. Es divertida su total frustración: ¡qué débilmente luchan los poderosos para controlar el poder espiritual! Hicieron todo lo que pudieron: "Amenacémoslos para que no hablen de aquí en adelante a hombre alguno en este nombre" (v. 17).

Prioridad en la lealtad (4:18-30)

La respuesta de Pedro y Juan no careció de respeto a las autoridades. En el Nuevo Testamento se descubre una notable restricción en este sentido. La desobediencia civil no es abogada en Hechos. El doctor Stagg ha subrayado la protección que el gobierno romano dio a la iglesia cristiana y sus líderes. Sin embargo, los líderes judíos demostraron ser especialmente perturbadores. Aun así, los líderes de la iglesia no les enfrentaron abiertamente. La iglesia de Jerusalén, en especial, no parece haber interrumpido la adoración en el templo a lo largo de los años que son cubiertos por el relato de Hechos. Sin embargo, se presenta el reclamo de que el pueblo de Dios debe obedecerle y que debe tratar de llevar a la sociedad a una obediencia similar. Cuando se veían forzados a escoger, estos cristianos elegían obedecer a Dios y no a los hombres (ver 5:29). Los apóstoles habían visto y oído hechos que eran innegables. Podían ser silenciados por la muerte, pero no podían negar lo que había ocurrido.

Como no había sido violada ninguna ley, los apóstoles fueron liberados. Una vez más la iglesia estaba reunida en Jerusalén. En cierto sentido su forma de vida había sido reivindicada por la incapacidad de las autoridades gobernantes para detener su testimonio. La oración conjunta que es registrada glorifica el poder de Dios (vv. 24-30). Más aun, al fin de la reunión de oración Dios respondió con nuevas bendiciones espirituales.

Un surgimiento de poder (4:31)

La naturaleza precisa de las demostraciones del Espíritu en medio de los cristianos (v. 31) está oculta por los siglos, pero el relato indica que ocurrió una poderosa visita del Espíritu Santo. Algunos interpretan este relato como una repetición de la primera venida, que es registrada en el capítulo 2. Sin embargo, la suposición de que el Espíritu Santo está confinado sólo a una experiencia así es limitar el poder de Dios. Nótese que el segundo relato no incluye el hablar en lenguas, lo que es una señal de la primera experiencia. Cuando ellos oraron juntos, el Espíritu Santo vino. Trajo poder y "hablaron con denuedo la palabra de Dios" (v. 31).

6. Verdad para hoy

El amor de Dios se extiende a todos los hombres. Desde el

comienzo Dios ha amado al mundo. El pueblo de Dios debe mostrar y contar ese amor al mundo. Debe comenzar por compartir con el extraño que vive en la puerta más próxima, o con el extranjero que está en la misma calle. Es un privilegio del cristiano ayudar a que se conozca el amor de Dios alrededor del mundo.

El Espíritu de Dios debe morar dentro de su iglesia. En algunas ocasiones el Espíritu de Dios puede ser hallado en demostraciones poderosas de su presencia. Su Espíritu puede ser experimentado también en el calor de la comunión que caracteriza a una verdadera fraternidad espiritual. El Espíritu Santo hace unir a la iglesia, y el pueblo de Dios es más efectivo en su ministerio y testimonio donde no hay cuestión sobre su unidad.

La iglesia tiene sorprendentes recursos para su ministerio. El poder de Dios está más allá de nuestra imaginación. Ayudará a las iglesias en su obra de ministerio. El hombre cojo pedía limosnas y se le concedió la sanidad. El mendigo moderno pide dinero; necesita amistad, aceptación, consejo y sanidad espiritual en la misma medida. La iglesia ofrece todo eso.

Los milagros ayudan a hacer avanzar la iglesia. Una parte de nuestra dificultad es nuestra incapacidad de comunicar los milagros que ocurren. Un joven que ha abandonado las drogas y se ha vuelto a Jesús es un milagro. Un adulto influyente que confiesa públicamente su fe es un milagro. Estos milagros, repetidos en la fraternidad semana tras semana son milagros quietos que hacen adelantar a la iglesia.

Lo más importante es la obediencia a Dios. Obedecer a Dios es más importante que el éxito en los negocios. Obedecer la voluntad de Dios es más importante que salvar la propia vida. Obedecer la voluntad de Dios es más importante que ser popular, poderoso o próspero.

[1] Frank Stagg, *The Book of Acts* (Nashville: Broadman Press, 1955), p. 1.

[2] Flavio Josefo, *The Life and Works of Flavius Josephus,* traducido por William Whiston (Filadelfia: The John C. Winston Company) p. 107: "Cuando hubo pasado una semana o semanas después de este sacrificio (semanas que contenían 49 días), en el quincuagésimo día, que es Pentecostés"... (Ver también Ex. 23:14-16; Lev. 23:15, 16; Deut. 16:9-12; 2 Crón. 8:13). En los primeros siglos cristianos muchos observaban Pentecostés como conmemoración de la entrega de la Ley en el monte Sinaí, pero no hay evidencia en el Antiguo Testamento para esta relación.

[3] C. H. Dodd, *According to the Scriptures* (New York: Scribnerss, 1953), pp. 11, 12.

[4] De *The New English Bible, The Delegates of the Oxford University Press, and the Syndics of the Cambridge University Press,* 1970. Utilizado con permiso, así como todas las demás citas de esta traducción. En adelante, son indicadas con la abreviatura NEB.

[5] De Stagg, *op. cit.,* pp. 62, 63.

[6] *Ibid.,* p. 18.

2

Lecciones Sobre Cómo Resolver Problemas: Jerusalén

Hechos 4:32—6:7

Vivir es crecer. Crecer es relacionarse con otras personas. Relacionarse es resolver problemas. En un sentido real, vivir es resolver problemas. La iglesia de Jerusalén creció rápidamente, de los ciento veinte que compartieron la selección de Matías (1:15), a los tres mil reunidos después de Pentecostés (2:41), "el número de los varones era como cinco mil" (4:4). Quizá este número deba ser aumentado incluyendo una cantidad de mujeres. No sabemos exactamente cómo se hizo la cuenta.

El lapso envuelto en este rápido crecimiento tampoco es conocido. El autor puede haber comprimido una serie de hechos en lo que parece un corto período. La descripción de los problemas de crecimiento y sus soluciones es presentada magníficamente. Dado que la fraternidad cristiana de hoy enfrenta problemas similares, surge una cuestión: el ejemplo de otra iglesia, de otro siglo y en otro contexto, ¿puede ayudarnos?

1. Inseguridad económica (2:42-47; 4:32-37)

El marco de la acción continúa en Jerusalén. Dos breves párrafos apuntan un problema y describen su solución (2:43-47; 4:32-37). Ambos siguen a una experiencia con el Espíritu Santo. Omitiendo los detalles, Lucas registra sólo la solución del creciente problema. Jesús lo había reconocido: "A los pobres siempre los tendréis con vosotros" (Juan 12:8).

El pueblo judío buscaba sus propias cosas y siempre lo ha hecho.

Los vínculos que ligan al pueblo, aunque esparcido por el mundo, son fuertes y duraderos. Este hecho ha dado lugar históricamente a la existencia de los *ghettos*. También ha producido la oposición de los no judíos.

En el período neotestamentario se practicaba la colecta regular y la distribución de alimento. Los ricos contribuían con bienes para los pobres. La fraternidad cristiana también ministraba para las mayores necesidades.

El problema (2:42, 43)

¿Recibían los pobres cristianos una dádiva regular de parte de sus compatriotas judíos? Si era así, ¿cómo intentó afectar esta práctica la oposición de los líderes religiosos judíos? ¿Tendrían simpatía por los apóstoles y sus seguidores los ricos saduceos? Si un cristiano llegaba a estar en necesidad, ¿con qué confianza podía apelar al templo de Jerusalén buscando una ayuda?

Faltan los detalles, pero los hombres que siguieron a Jesús habían dejado sus ocupaciones lucrativas. Por lo menos cuatro de ellos habían sido pescadores, pero ya no lo eran. Otro de los apóstoles había sido recolector de impuestos, y quizá había llegado a la prosperidad (ver Lucas 5:27-29), pero quizá ya no era. Otros de los doce deben haber estado en situación similar. Sus entradas habían sido cortadas o habían desaparecido. Además, una cantidad de galileos habían seguido a Jesús hasta Jerusalén, y habían quedado allí después de la resurrección. Miles se reunían diariamente "en la doctrina de los apóstoles, en la comunión unos con otros, en el partimiento del pan y en las oraciones" (2:42). ¿Dónde se obtenía el pan para ellos?

Allí estaba el problema. Traducido en términos modernos, puede haber sido el de la indiferencia de los que tienen frente a las necesidades de los que no tienen. Puede haber sido la sutil oposición de los miembros prósperos de la Iglesia a un ministerio social. La negativa de una parte de una congregación actual a apoyar un presupuesto puede ser una faceta de este mismo problema. ¿Es usada alguna vez la presión económica para que sea cambiada la dirección de la iglesia? Esta división interna es más peligrosa que la oposición de afuera. Algunas iglesias han experimentado tales presiones económicas, y eso es un problema.

La solución (2:44, 45)

La solución era simple: compartiremos. Ya de acuerdo en lo básico, compartieron también sus situaciones físicas. La palabra usada para describir la práctica es *koinos*, que puede traducirse como "mutualidad". Compartín lo que tenían. Renunciaron a bienes y derechos. En la medida en que había comida disponible para cualquiera, había disponible para todos. Así fue cómo las comidas regulares llegaron a ser experiencias espirituales que todos se gozaban en compartir. Más tarde, Pablo reprendía a los cristianos de Corinto por renunciar a este principio: "Cada uno se adelanta a tomar su propia cena; y uno tiene hambre y otro se embriaga . . . ¿O menospreciáis la iglesia de Dios y avergonzáis a los que no tienen nada?" (1 Cor. 11:21, 22).

Cuando se acababa la comida, porque ya había sido dada, ¿qué ocurría? Los que tenían propiedades las vendían, traían lo obtenido a la fraternidad y "lo ponían a los pies de los apóstoles" (4:35). De ese modo se llenaba tanto la necesidad de los pobres como de los ricos, por medio de la aplicación del principio de la participación común: "Lo que es mío es tuyo y tú puedes tenerlo". El hecho de que fuera puramente voluntario protege a la Iglesia primitiva de cualquier acusación de comunismo moderno.

¿Era buen negocio gastar su capital de esa manera? Quizá el uso de sus recursos de ese modo no era sabio. Algunos suponen que el hambre que produjo condiciones posteriores en la Iglesia de Jerusalén puede haber sido el resultado de su anterior caridad. Sin embargo, su principal preocupación no era la de organizar una fundación, sino una fraternidad —una mutualidad para compartir— una *koinonía*. No había más necesidades en la fraternidad. El temor a la inseguridad económica había sido vencido.

El resultado (2:46, 47; 4:36, 37)

Uno de los resultados colaterales de la solución de un problema es la búsqueda de nuevos líderes, quizá el descubrimiento de un hombre capaz. Nada se sabe realmente sobre Bernabé antes de esta experiencia. Aunque algunos eruditos suponen que era uno de los setenta enviados por Jesús (Lucas 10:1-24), no hay evidencia neotestamentaria para esa idea. Es adecuado que sea presentado de esta manera dramática. Más tarde habría de ocupar un importante lugar en el liderazgo de la iglesia. Bernabé no era su verdadero nombre, sino José. Frecuentemente un apellido incluye el nombre del padre, como "Martínez" originalmente significaba "hijo de Martín". Sin embargo, debido al acto generoso de José, los apóstoles le llamaron "Bernabé", que traducido significa "hijo de consolación" (4:36). Era un levita y por lo mismo parte del liderazgo religioso de la nación judía. Pertenecía al grupo de judíos no palestinos que frecuentaban Jerusalén. ¿Habría oído el evangelio por primera vez en Pentecostés?

Más tarde habría de guiar a Pablo y Marcos a Chipre para compartir el evangelio (ver 13:1-12). En Jerusalén compartió lo que tenía, una propiedad. Al parecer, no había nada que le ligara ya a ese don. Cuando Bernabé lo entregó, lo dio por completo, sin ejercer más control sobre su uso. Quizá se gozó al dar de sus posesiones materiales en tan gran medida que le fue fácil darse a sí mismo cuando surgió la oportunidad.

Sin embargo, esto implicaba más que el surgimiento de un solo hombre. Otro resultado fue la demostración de la verdadera *koinonía*. El relato primitivo describe a la Iglesia como "teniendo favor con todo el pueblo". Y el Señor añadía a la iglesia a los que habían de ser salvos" (2:47). La Iglesia creció. Todo Jerusalén dio testimonio de su amor los unos por los otros; había quienes deseaban integrarse a ellos. Las necesidades tanto espirituales como físicas habían llegado a ser una profunda preocupación para la Iglesia. Dios está interesado en ambas cosas. ¿Por qué no lo estará su iglesia?

2. Hipocresía (5:1-11)

Ningún pecado de Israel mereció una denuncia más fuerte que la hipocresía. Jesús reprendió a los líderes religiosos repetidamente por sus demostraciones de insinceridad. Los fariseos y sus escribas eran el blanco de ese fuerte lenguaje. Una serie de ayes registrado en el evangelio de Mateo (cap. 23) se destaca como resumen de la declaración de su hipocresía. Gracias a su conocimiento de la ley y a su popularidad con la gente, los fariseos tenían una pesada responsabilidad. Sus frases altisonantes, sin embargo, no pudieron ahogar la discordia. Eran guías ciegos cuyas acciones negaban sus palabras. Con seguridad, la iglesia no podía caer en el pecado de la hipocresía. Con seguridad la iglesia contemporánea está vigilante ante ese pecado.

El problema (5:1, 2)

Como ocurre con frecuencia la solución de un problema hizo surgir otro. Al compartir las posesiones el problema de la inseguridad económica quedó resuelto. La imagen de la iglesia en la comunidad era positiva. Un hombre, Bernabé, recibió un gran reconocimiento debido a su generosidad. Sin embargo, en la congregación había otro hombre que, con Safira, su esposa, poseía cierta tierra. ¿Es posible que su tierra les poseyera a ellos?

El acto de compartir en Jerusalén era asunto voluntario. A nadie se le requería que vendiera sus posesiones y las diera a los pobres. El ejemplo de Bernabé debe haber inspirado a otros. ¿Acaso el honor otorgado a Bernabé por su donación habrá llevado a que Ananías y Safira supusieran que la Iglesia honraba sólo a aquellos que hacían donaciones considerables? Quizá algo —o alguien— en la congregación haya alentado a Ananías y Safira a creer que su reputación sería engrandecida por medio de una gran donación. Es difícil decir dónde comenzó su hipocresía. Cualquiera que sea el caso, Ananías y Safira tramaron crear una apariencia de generosidad y aun de sacrificio. Su donación debía ser presentada y mostrada en forma desfigurada. Una parte del precio de venta de su tierra sería dado como si fuera el todo. Así la hipocresía entró a la vida de la iglesia.

La solución (5:3-10)

Pedro acusó a Ananías de permitir que Satanás llenara su corazón (Jesús también había señalado que el problema estaba en el corazón del hombre. Ver Marcos 7:1-23). Las actitudes erradas y la mala motivación frecuentemente terminan en hipocresía. Tanto el marido como la mujer, cuando se vieron confrontados con el hecho de su engaño, sufrieron el mismo destino (vv. 5, 10). El problema eran los miembros mentirosos de la Iglesia. Habían mentido al Espíritu Santo.[1]

La confrontación puede aparecer demasiado dura, pero ni Pedro ni Lucas se disculpan por ello. Jesús advirtió a sus oyentes sobre un pecado contra el Espíritu Santo (Ver Mateo 12:22-37). Como el pecado de Ananías y Safira (una decisión arbitraria y premeditada de engañar a Dios) fue en contra del Espíritu Santo, la solución es aceptable. Habían tratado de engañar al Autor de la vida. Fue considerado como el juicio de Dios sobre la hipocresía. Cuando los miembros de la iglesia ya no pueden confiar el uno en el otro, la vida se ha ido de la congregación; su testimonio tiene poco efecto.

El resultado (5:11)

El informe sobre Ananías y Safira alcanzó más allá de los confines de la Iglesia. Por lo menos un santo temor de Dios cayó sobre las personas dentro y fuera de la Iglesia. Sin embargo, no se ve una reacción negativa; "señales y prodigios" (v. 12) hechos por los apóstoles eran tomados como evidencia de la presencia y el amor de Dios. La compasión que movió a Jesús para sanar al enfermo llenó a sus seguidores. Su relación con Dios estaba libre de hipocresía; el canal del poder espiritual estaba aclarado.

Los miembros de la Iglesia "estaban todos unánimes" (5:12). Parece que ninguno se alejó de la fraternidad por simpatía con Ananías y Safira. El hecho de que la Iglesia se reunía en el templo en grandes números sugiere el problema que se presentaba a las autoridades de Jerusalén. Como un enjambre de abejas, estos creyentes se movían juntos, llenando una amplia zona con su presencia.

El efecto en los que pasaban era notable. Algunos de ellos, que por sus propios motivos no querían mostrarse abiertamente, estaban atemorizados. No obstante, hablaban sobre la Iglesia y los acontecimientos, y estaban sorprendidos por ellos. Como el Señor estaba atrayendo a sí a hombres y mujeres de todas partes, los creyentes eran añadidos a la Iglesia. El juicio llegó a ser una parábola en acción, y la gente respondía como Jesús había predicho: algunos eran rechazados por la dureza de la verdad y otros eran atraídos. Pero la verdad seguía su avance.

La hipocresía amenaza el poder espiritual de cualquier iglesia. Es una ruptura en la fraternidad. Viola lo estrecho de la relación. Si los miembros de la iglesia no pueden confiar el uno en el otro, no hay fraternidad. Semejante hipocresía es expuesta mejor por la motivación pura de la vasta mayoría.

3. Persecución (5:17-42)

Dice una máxima popular que se puede conocer a un hombre por los enemigos de que se hace. Por supuesto, puede ser conocido por sus amigos también, pero la oposición que recibe puede indicar más. Temen su integridad; conocen sus motivos. Una enemistad declarada, más allá de la minucia del fastidio y del simple desagrado, frecuentemente es una ventaja. El mal es una realidad en el mundo y el bien le repele. Si la bondad es real, surge la oposición. La bondad era real en Jesús y la oposición le crucificó. ¿No había hablado él de persecución contra sus seguidores?

El mal no es menos real en nuestro día. ¿Se ha adaptado al mal la iglesia moderna? ¿Se ha hecho menos real, menos reconocible su bondad? Como la gente, las iglesias pueden ser conocidas por el tipo de enemigos que tienen.

El problema (5:17, 18)

La popularidad de los apóstoles y el rápido crecimiento de la Iglesia presentaba una amenaza al *statu quo.* Los saduceos, conservadores y cómodos, se dedicaban a mantener las cosas como estaban. Habían sido sacudidos por la limpieza del templo por parte de Jesús (Lucas 19:45-48), y habían respondido con agrado a la oferta de Judas (Lucas 22:3-5). Su fuerza conservadora era el templo, pero ahora la Iglesia lo infestaba. Aunque nunca habían sido tan populares como los fariseos, los saduceos eran la secta más rica entre los judíos. Derivaban muchas de sus entradas del sistema del templo. Como había intereses egoístas envueltos profundamente, su oposición no era inesperada.

Cuando los apóstoles fueron arrestados y puestos en prisión de la noche a la mañana, el lector no es sorprendido. De tiempo en tiempo esta escena se repite en Hechos. ¡Casi se puede describir a un apóstol por el tipo de prisión que ocupa! Una persecución como la que experimentó la iglesia provino especialmente de manos de las autoridades judías y no de las romanas. Los romanos se vieron colocados entre los dos grupos religiosos, pero no podrían haberse ocupado menos de los asuntos de doctrina. Los apóstoles y los saduceos servían al mismo Dios; aparentemente también fue así con Jesús y los líderes religiosos. Sin embargo, el imperio romano debía mantenerse intacto, junto con la paz.

Para los saduceos el problema era la popularidad de los apóstoles entre la gente. En un período anterior habían experimentado la creciente popularidad de Jesús. El problema para los apóstoles era la persecución que despertaba su popularidad: estaban en prisión. Más tarde, cuando fueron liberados de la prisión, fueron acusados de agitación, si no de insurrección (5:28). Aun más tarde los cristianos fueron acusados de causar divisiones (14:4), de establecer costumbres ilegales (16:20, 21), de trastornar al mundo (17:6), de hablar sobre dioses falsos (17:18) y aun de llevar a gentiles dentro del templo (21:28). Continuaban provocando oposición, y esta oposición producía un largo período de persecución. ¿Por qué cesó? ¿Cesó realmente?

La solución (5:19-40)

La persecución no cesará cuando el pecado afincado sea amenazado por la bondad en forma humana. No debemos sorprendernos, pues, de descubrir que la persecución se renueva. La escena se abre en la prisión (5:17, 18). De repente, un mensajero del Señor (eso es lo que significa la palabra "ángel" y esto es lo que es un ángel) abrió las puertas (v. 19). Los apóstoles salieron de la prisión y se dirigieron al templo en obediencia al mandato: "Id, y puestos en pie en el templo, anunciad al pueblo todas las palabras de esta vida" (5:20).

Es significativo cómo los apóstoles obedecieron valientemente. En tal valiente obediencia está la solución de muchos problemas. Cuando la iglesia o sus líderes, buscando seguridad, vuelve las espaldas o huye de un problema, su solución es imposible. La solución al problema de la persecución no está en escapar de ella, sino en obedecer a Dios a pesar de ella.

Hubo una vez un tartamudo que declaró que su problema con el habla había sido resuelto. Sin embargo, tartamudeaba al proclamar su victoria; hablaba de la gracia de Dios a pesar de su tartamudez. ¡Realmente había solucionado el problema! La iglesia localizada en una comunidad decadente no siempre resuelve sus problemas trasladándose. La comunidad decadente puede ir tras ella. Simplemente comparte la gracia de Dios con la vecindad. En una obediencia de este tipo se encontraba la solución al problema de la iglesia de Jerusalén.

El sumo sacerdote y el sanedrín habían conminado a Pedro y a Juan a "no hablar ni enseñar en el nombre de Jesús" (4:18). Sin embargo, habían reiniciado sus enseñanzas en el templo mismo. El pueblo que oyó quizá se volvería sobre los miembros del sanedrín que habían tomado parte en la crucifixión de Jesús (Ver Lucas 22:66—23:1). En la valentía de los apóstoles, los líderes judíos captaron su propia derrota.

Como es cierto a menudo, Dios levantó un aliado desde otro sector. Dentro del sanedrín mismo había un fariseo llamado Gamaliel, un respetado maestro de la ley. No se sabe quien dio la información a Lucas, pero el sabio consejo de Gamaliel está acorde con lo que se sabe de él. No se le describe como si predicara un sermón evangélico. Eso hubiera sido ajeno a su personalidad. Simplemente recordó al sanedrín la lección de la historia (5:34-39). Había habido otros movimientos en la historia de la nación. Habían quedado en la nada porque eran cosa de hombres. Gamaliel razonó que si el movimiento de los apóstoles era obra humana, también quedaría en la nada. Por lo contrario, si el movimiento era obra de Dios, los hombres —aun ellos— no tendrían poder para detenerlo. Su consejo de "esperar y ver" fue adoptado (vv. 34-40).

En su historia Josefo menciona a Teudas, quien dirigió una insurrección contra los romanos.[2] Judas, que también es mencionado, muy bien puede haber sido el líder que se opuso al censo del año 6 d. de J.C.[3] Ciertamente esto se adecuaría a la cronología sugerida por Gamaliel.

En su recomendación al sanedrín Gamaliel dio a los apóstoles el beneficio de la duda.[4] Era claro que la simpatía de Gamaliel estaba con la iglesia, hasta donde Lucas informa. Podríamos haber esperado que la tolerancia del buen maestro se hubiera introducido en su más conocido alumno, Saulo de Tarso (Hechos 22:3). El celo con el cual Saulo persiguió la Iglesia, sin embargo, indica otra cosa.

El sanedrín estuvo de acuerdo, llamó a los apóstoles, les hizo azotar y les condenó a mantener silencio respecto a Jesús. Pero, ¡ellos no obedecieron la orden! Esta no fue la solución final al problema de la persecución, pero es significativa. Más tarde (12:2) Santiago, el hermano de Juan, fue ejecutado por Herodes Agripa I. Sin embargo, esta severidad no era usual. Generalmente el Espíritu de Dios conmovió el corazón de un hombre, movió una montaña de oposición o reveló una escapatoria legal. Cualquiera que sea el caso, la persecución no podía aplastar el entusiasmo de la Iglesia.

El resultado (5:41, 42)

Existen varias respuestas a la oposición. Algunos, que prefieren la paz, estarán atemorizados hasta el silencio, y se negarán a seguir adelante. Otros, que han desarrollado un complejo de mártires, estarán seguros de que el mundo sabe cuán injustamente han sido tratados. Hay almas raras, como las de los apóstoles, que se regocijan en el sufrimiento en el nombre de Cristo (Mateo 5:10-12). Pertenecen a una larga línea de aquellos que han encontrado que la verdad es un arma efectiva. Se ha sugerido, parcialmente en broma, que si ser cristiano en el siglo XX fuera declarado un crimen, muchos serían indultados por falta de evidencia. Los apóstoles consideraban un honor el ser reconocidos como pueblo de Dios.

La unidad en el templo y en los hogares de los creyentes produjo una fuerza adicional. Al recuperarse de los arrestos y golpes, la Iglesia encontró una nueva base para la fraternidad y la confianza. ¿Qué es lo que posiblemente impidió que arrollaran a Jerusalén con las buenas nuevas? Hay algo de implacable en estos movimientos. "Si Dios es por nosotros, ¿quién contra nosotros?" (Rom. 8:31). La voluntad de

Dios será hecha en la medida en que el pueblo de Dios obedezca a la verdad sin temor.

El crecimiento de la Iglesia es indicado en 6:1, y parece ser tan inevitable como antes. La capacidad de los cristianos para soportar la oposición excitó al pueblo y el número de los discípulos se multiplicó (6:1). ¡Bendita la iglesia cuyo testimonio es tan claro que provoca la oposición de las fuerzas del mal! La palabra de Jesús fue cumplida en la vida de la Iglesia: "Gozaos y alegraos" (Mateo 5:12).

4. División (6:1-7)

Una fraternidad estrechamente ligada, sea de cristianos o de cualquier otra clase, encuentra que le es más fácil resistir la presión de afuera que de adentro. Una iglesia moderna puede completar con éxito un atrevido programa de edificación, con sus vínculos fortalecidos por el espíritu de sacrificio. Más tarde puede ser trágicamente dividida por la cuestión de admitir a un miembro. Quizá eso ocurre también en una familia. Los hermanos estarán unidos para resistir a un enemigo que amenace a la familia, pero pleitearán entre sí por una pequeña herencia. La creciente iglesia de Jerusalén apenas acababa de resolver con éxito varios serios problemas, cuando "hubo murmuración" (6:1).

El problema (6:1)

El problema parece haber sido el favoritismo, aunque sus raíces pueden haber estado en el orgullo o el prejuicio. En la Iglesia de Jerusalén había apenas pocos o ningún gentil. De modo que la disputa no surgió de las relaciones judeo-griegas dentro de la Iglesia. Eso habría de venir en un tiempo posterior (11:1-16; 15:1-35). Sin embargo, había varios niveles de cultura, si no varios niveles de judaísmo. Jerusalén era atractiva sentimental y espiritualmente para todos los judíos. Muchos de los que habían nacido fuera de Palestina ahorraban durante su juventud para poder ir a Jerusalén, la ciudad de David. El templo también estaba en Jerusalén y era el centro de su fe.

Estos judíos no nativos son descritos como helenistas o judíos griegos. Vivían por casi todo el mundo del Mediterráneo. Por ejemplo, Pablo encontró judíos en cada ciudad que visitó. Estaban ocupados en el comercio o los trabajos manuales. Estos judíos, frecuentemente una minoría, por necesidad se mezclaban con los gentiles de una manera inconcebible en Jerusalén. Hablaban el idioma de su tierra de adopción, descuidando a veces el hebreo de la tierra patria.

Culturalmente podían ser atraídos al teatro griego o a los juegos romanos, a pesar de la sospecha con que los judíos miraban esas actividades. Como estaban relacionados muy estrechamente con el populacho gentil en el comercio, se veían expuestos a los círculos sociales de los gentiles. Es claro que estas relaciones sociales afectaban a algunos judíos de una manera y a otros de otra. En algunos casos la cultura gentil forzó a las familias judías a ser más estrictas en su judaísmo que los judíos de Jerusalén.

Cuando la apelación de la Tierra Santa resultaba muy fuerte como para llevar de regreso a los judíos a Jerusalén para una fiesta —Pentecostés, pascua o tabernáculos— eran recibidos con los brazos abiertos. En Jerusalén estos judíos que volvían eran buenos, tanto para la religión como para los negocios. Muchos de todo el mundo iban a Pentecostés (2:5-11). De tiempo en tiempo se establecían en Jerusalén en vez de volver a sus ciudades gentiles. Pero cuando trataban de entrar en los círculos sociales sobre una base permanente descubrían que llevaban la marca de su relación con los gentiles. Su hebreo estaba salpicado con expresiones gentiles, sus intereses literarios eran más amplios que los de los nativos, y su relación con los gentiles de la ciudad era fácil. Naturalmente estos helenistas eran sospechosos.

Muchos de ellos llegaron a ser cristianos. La misma brecha cultural que existía en la vida diaria fue encontrada en la Iglesia de Jerusalén. Una solución moderna hubiera sido organizar una nueva iglesia. Por otro lado, la fraternidad unida merecía ser preservada y demostró tener atractivos. Además había muchos judíos de habla griega que debían ser alcanzados. Se había visto que la Iglesia era especialmente atractiva a los pobres, los oprimidos, los solitarios y las viudas. Esta gente no significaba una ventaja económica para la congregación, y puede haber tenido pocos defensores. Habían sido atraídos no sólo por las dádivas, sino también por lo estrecho de la fraternidad. Encontraban satisfacción para sus necesidades espirituales y físicas; eran aceptados y se les identificaba.

Los miembros más capaces de la Iglesia compartían sus bienes con los menos afortunados y nadie pasaba necesidad. Por lo menos así se suponía que funcionaba la fraternidad. Sin embargo, los judíos griegos acusaron que sus viudas eran "desatendidas en la distribución diaria" (v. 1). Lucas describe la acusación como un tipo de ofensa de discriminación. No hay defensa para la división, ni de parte de Lucas ni de los apóstoles. Simplemente se trataba de que todos estaban muy ocupados. Un grupo de viudas que pertenecían a un grupo lingüistico-cultural particular, y había sido discriminado. El problema no podría ser más común.

La solución (6:2-6)

La designación de setenta por Moisés (Núm. 11:10-16) para cuidar mejor de su pueblo puede haber ofrecido un precedente a los apóstoles. Siendo claramente los líderes de la iglesia convocaron a la congregación. Aunque los doce en su unidad podían resolver la mayoría de los problemas, reconocieron su incapacidad para este en particular. Decidieron extender su liderazgo incluyendo a otros miembros de la Iglesia. Para trabajar juntos se requiere un mínimo de organización, y este oficio exigía altas cualidades: buena reputación, plenitud del Espíritu y sabiduría (v. 3). Quizá el número siete era simbólico como el número doce. Significaba lo completo para la mayoría de los judíos, y el simbolismo no podía haberse perdido en una congregación judía.

Las declaraciones de los apóstoles podrían no servirles de recomendación para el concepto moderno del ministerio. Ellos estaban preocupados por las necesidades de las viudas griegas, pero habían establecido ciertas prioridades espirituales para ellos mismos. Aunque el concepto del ministerio es muy amplio en el Nuevo Testamento (1 Cor. 12), los apóstoles interpretaron que su responsabilidad sólo abarcaba la predicación y la oración (vv. 2, 4). La división de responsabilidad que es sugerida agradó a la congregación, a la que se hace referencia con frecuencia como la "multitud", y eligieron a siete hombres.

Todos los siete tenían nombres griegos. En forma superficial esto les identifica con el sector griego. Su selección puede haber sido una solución ideal, o puede haber demostrado el desinterés de parte de los cristianos hebreos. Dos de los siete, Esteban y Felipe, tuvieron una gran responsabilidad en la posterior extensión de la fe cristiana. De los otros no se dice más nada en el libro de Hechos. Uno de ellos es Nicolás, prosélito de Antioquía. La preeminencia posterior de la Iglesia de Antioquía hace que él sea de interés especial. El hecho de que un prosélito del judaísmo llegara a ser destacado en la iglesia cristiana sugiere el progreso de la Iglesia en cuanto a la resolución de tensiones basadas en la cultura o la raza.

Con frecuencia se hace referencia a los siete como a los primeros diáconos. En ninguna parte se les menciona en el Nuevo Testamento como diáconos, y los dos que se mencionan luego no consideraron que su ministerio estaba limitado a la Iglesia en Jerusalén. Su selección, su ordenación y su ministerio establecen un noble precedente. La iglesia, tradicionalmente, ha encontrado en estos versículos el comienzo del oficio de diácono.

La ordenación de estos hombres estaba de acuerdo con la práctica judía, y los apartó como hombres con un ministerio. Sin embargo, no se relata ese ministerio en las mesas. La acción de las iglesias parece haber resuelto el problema. No se encuentra nueva mención de división, aunque más tarde la Iglesia enfrentó el problema del prejuicio contra los gentiles (cap. 15).

El resultado (6:7)

La contribución de Esteban y Felipe a la vida de la iglesia es un buen derivado de la ordenación de los siete. La iglesia había afrontado un doloroso problema; y el enrolamiento de dos fuertes líderes era el resultado altamente deseable. El número de miembros de la Iglesia creció luego de la solución del problema. Muchos hombres y mujeres se rindieron a la soberanía de Dios, y "muchos de los sacerdotes obedecían a la fe" (v. 7). Estos sacerdotes estarían preparados para la dirección espiritual y podían significar mucho para la reciente congregación. Probablemente pertenecían al gran grupo de sacerdotes del jadaísmo, más bien que a los líderes del templo, que eran conocidos por su fuerte oposición tanto a Jesús como a la Iglesia primitiva. Su obediencia puede haber sido una elocuente protesta contra el egoísmo de los saduceos en la dirección del templo. Su respuesta al movimiento de la iglesia de mantener la imparcialidad era positivo. Parcialmente estaba condenado con claridad en la iglesia, y un nuevo surgimiento de poder fue el resultado.

Este surgimiento de poder venía cada vez que un problema era considerado y resuelto por la congregación. El Espíritu de Dios poseía a los miembros y los dirigía para descubrir soluciones. Cada solución fue seguida por el crecimiento de la congregación. No obstante, cada solución parece haber echado las bases para otro problema. La iglesia era un organismo viviente y creciente, más bien que una organización estática. Su poder estaba en la vida que aportaba el Espíritu Santo.

5. Verdad para hoy

La fraternidad cristiana que comparte las alegrías y pruebas de cada miembro es algo atractivo para los de afuera. Este amor en acción es más convincente cuando está acoplado a la palabra hablada del amor de Dios. Maravilla poco que la congregación de Jerusalén creciera rápidamente.

La iglesia tiene la responsabilidad de hablar la verdad en amor. Ambas cosas, verdad y amor, no son opuestas, sino aliadas. La iglesia y sus miembros pueden sostener la verdad, por dolorosa que sea, si hay suficiente amor entre sus miembros. El egoísmo y el orgullo son destructivos del amor, y la iglesia debe estar en guardia contra ellos.

Unido el pueblo de Dios, y bajo la dirección del Espíritu Santo, puede enfrentar los problemas más difíciles. La fraternidad se hace más fuerte cuando experimenta la presencia y la dirección del Espíritu de Dios.

Dios no promete una vida fácil a sus hijos, sino que provee valor para enfrentar los problemas de la vida. Una iglesia viva y creciente experimentará problemas para los cuales el Espíritu de Dios tiene la solución.

El amor de Dios se extiende a todos los pueblos; su pueblo, trabajando unido, testifica de ese amor. Las barreras humanas de la educación, la cultura, el credo, la raza o la política se derrumban delante del calor del amor de Dios.

Frecuentemente los problemas que afrontan a la fraternidad cristiana pueden ser resueltos por la designación de hombres buenos, pero el cuerpo más amplio debe mantener interés en su ministerio. Es fácil encargar a otro que exprese el amor de Dios en una situación particular y olvidarlo rápidamente. Una expresión de amor es más efectiva cuando representa claramente al pueblo de Dios trabajando unido.

[1] La traducción es difícil, porque lo que ellos hicieron representa mal al Espíritu Santo, pone la culpa de su acción en el Espíritu Santo.

[2] Josefo, *op. cit.*, p. 590. El incidente de Teudas ocurrió alrededor del año 44, y el discurso de Gamaliel no puede ser fechado más allá del año 32. La aparición del nombre en un documento histórico es interesante, pero debe haber habido otros con el nombre de Teudas. La acusación de que Lucas es inexacto o despreocupado por el orden de los hechos no tiene base suficiente.

[3] *Ibid.*, p. 673. "Cierto galileo, cuyo nombre era Judas, prevaleció contra sus paisanos para rebelarse, y dijo que ellos eran cobardes si podían soportar de pagar un impuesto a los romanos y si, luego de someterse a Dios, se sometían a seres mortales como si fueran sus señores." El problema es tratado en detalle por Frederick John Foakes-Jackson y Kirsopp Lake en *The Beginnings of Christianity*, vol. IV (Nueva York: Macmillan, 1933), pp. 60-62.

[4] Las palabras usadas para "fe" en Hechos son interesantes y a la vez incisivas: "la doctrina de

los apóstoles" (2:42), "este consejo o esta obra" (5:38), "este camino" (9:2 y con frecuencia en otras partes), "cristianos" (11:26), "discípulos" (11:29), "hermanos" (14:2), "nueva enseñanza" (17:19), "secta" (28:22).

⁵ La cláusula condicional "si este consejo... es de los hombres" describe una condición indeterminada como verdad o no. Por el otro lado, la cláusula "si es de Dios" indica que la condición es cierta.

3

La Iglesia Esparcida: de Jerusalén a Samaria y Cesarea

Hechos 6:8—8:40

A vuelo de pájaro vemos que Jerusalén no está lejos de las ciudades de Samaria y Cesarea. Un buen mapa del Mundo del Nuevo Testamento muestra a Cesarea como ciudad costera. El sitio de la antigua ciudad de Samaria —que también era una provincia— es incierto. Los caminos entonces no eran rectos, y el de Jerusalén a Cesarea o a Samaria menos directo que cualquier otro.

La acción de este pasaje comienza en Jerusalén. Antes de que la acción se traslade de Jerusalén, diremos que la iglesia allí tuvo que resolver ciertos problemas internos. Algunos de esos problemas surgieron de acciones previas. En todo lo que había ocurrido, la iglesia había crecido en su número y fuerza.

¿Estaba listo el tiempo para extenderse? ¿Era suficientemente fuerte la cualidad de su fe como para arriesgarse a compartirla con una cultura extraña, una comunidad diferente? ¿Había llegado la hora de la expansión? ¿Estaba capacitada la fraternidad para establecer una misión? Mientras que la Iglesia debe haber ponderado cuestiones como éstas, uno de sus miembros, un hombre de fe, que pasó de servir a las mesas a la acción misionera, decidió tomar seriamente las enseñanzas del Señor y su iglesia. ¿Le seguiría la Iglesia? ¿Podría la Iglesia trabajar unida fuera de Jerusalén?

1 Esteban, testigo fiel (6:8—8:1)

La elección de Esteban y sus seis compañeros de servicio en las mesas parece haber resuelto los problemas de la fraternidad en Jerusalén. A primera vista resulta desalentador que Esteban, uno de los siete, llegara a ser tan rápidamente el centro de un nuevo problema. Con seguridad la Iglesia merecía un descanso luego de la inquietud.

Acusado y acusadores (6:8—7:1)

Hay poca evidencia de que Esteban llegó concretamente a servir a las mesas. El relato de Hechos sería mucho más pobre si se hubiera confinado a ese ministerio. Aunque podría haber testificado efectivamente en el ministerio de las mesas, estaba destinado para cosas más grandes. La palabra griega que se traduce "testigo" es la palabra de donde viene "mártir". Seguramente Esteban demostró que era un mártir. El testimonio puede resultar un asunto peligroso.

Esteban testificó de hecho y de palabra. Descrito ya anteriormente como "lleno de fe y del Espíritu Santo" (6:5), luego es retratado como "lleno de gracia y de poder" (6:8). Lleno de fe, Espíritu Santo, gracia y poder, se movía entre la gente. Por supuesto, surgieron hechos poderosos de aquellos dones que Dios le había dado en abundancia. Cualquier hombre tan lleno *hace* algo. Los hombres de la sinagoga trataron de ponerse a su altura. Cuando no lo lograron, pusieron testigos falsos que declararon: "Este hombre no cesa de hablar palabras blasfemas contra este lugar santo y contra la ley" (6:13). El largo discurso del capítulo 7 revela alguna base para esa acusación.

Sus oponentes eran judíos de habla griega. Había en Jerusalén una cantidad de sinagogas.[1] Entre ellas había una que reunía a los libertos, los chipriotas, alejandrinos, cilicios y otros asiáticos. Era una fraternidad extraña. ¿Qué es lo que podría haberlos unido? (Aunque quizá no estaban realmente unidos hasta que Esteban los excitó. Estos defensores de la ortodoxia judía pueden haberse amalgamado por su oposición a Esteban). Que esos judíos que no eran de Judea fueran más celosos por el templo y la ley que los que habían vivido en Jerusalén toda su vida era posible. ¿Por qué habrían venido a Jerusalén desde Cirene y Cilicia? ¿El comercio justificaba su regreso? El principal negocio en Jerusalén era el templo y su sistema de sacrificios. Estaban a la defensiva con respecto al templo.

Cuando las palabras de Esteban minaron sus defensas, compraron testigos para que le acusaran falsamente ante el Sanedrín. La simple acusación se relacionaba con lo que Esteban había dicho sobre Jesús: él "destruirá este lugar, y cambiará las costumbres que nos dio Moisés" (v. 14). La comparación de esta acusación con la que plantearon contra Jesús es interesante. La acusación contra el mismo Jesús, registrada por Mateo y Marcos, refleja la declaración que Jesús hizo sobre el templo de su cuerpo (Mateo 26:61; Marcos 14:58; 15:29; ver también Juan 2:19).

Defensa: preparación para la expansión (7:2-53)

Todo gran movimiento debe tener una filosofía de fondo. La defensa de Esteban es una declaración sobre la base de la expansión de la iglesia. Es un resumen directo de la forma de actuar de Dios con su pueblo. Las premisas del orador y sus ilustraciones fueron claramente oídas y entendidas. El resultado fue su martirio. Su oposición no surgió de que haya sido mal entendido, sino de haber sido entendido demasiado bien. Si él hubiera hablado con menos claridad podría haber vivido hasta una buena vejez. La defensa de Esteban, que es la base de la expansión de la iglesia, puede ser bosquejada sencillamente:

1. Dios nunca se ha confinado a Jerusalén o Judea (vv. 2-37)
   Apareció a Abraham en Mesopotamia (vv. 2-8)
   Estaba con José en Egipto (vv. 9-11)
   Dirigió a Jacob hacia Egipto (vv. 12-16)
   Protegió a Moisés en Egipto (vv. 17-29)
   Comisionó a Moisés en el desierto de Sinaí (vv. 30-35)
   Sacó a su pueblo de Egipto (vv. 36, 37).
2. Dios ha sido permanentemente desobedecido por su pueblo (vv. 38-43)
   Rechazaron a Moisés aunque les dio la ley de Dios (vv. 38, 39)
   Rechazaron a Dios por un becerro de oro (vv. 40, 41)
   Se negaron a adorar a Dios según su voluntad (vv. 42, 43)
3. Dios ha provisto para la adoración espiritual, sin confinarse a un lugar o edificio (vv. 44-50).
   El tabernáculo simbolizó la presencia de Dios con su pueblo mientras ellos avanzaban dentro de su voluntad (vv. 44-50).
   El templo, sin embargo, había llegado a simbolizar la posición estática de Dios en Jerusalén (vv. 47-50)
4. Los mensajeros de Dios siempre han sido resistidos, desde los profetas hasta Jesús (vv. 51-53)

Entre las denuncias más elocuentes del discurso de Esteban está el enfático tratamiento de Moisés y su experiencia con Dios fuera de los límites de la Tierra Prometida. Nacido en Egipto, criado en una corte extranjera y exiliado en el desierto, allí recibió en el monte del páramo extraño la ley que los judíos no estaban protegiendo celosamente. ¡Aun Abraham había experimentado la dirección de Dios fuera de Jerusalén! Dios es espíritu, y no puede ser confinado a un lugar o pueblo en particular. Se revela a sí mismo y se presenta a quien quiere, cuando quiere y donde quiere. Su propósito se hace claro a aquellos que obedecen su voluntad, pero se extiende mucho más allá que los confines de una sola nación o generación. Siempre ha habido quienes se resisten a su voluntad; sin embargo, sus propósitos finales siempre han sido cumplidos. Aquellos que han seguido su voluntad libremente, como Esteban, han sido arrebatados por una visión celestial. Como Esteban, pueden morir en su obediencia. Todo esto parece haber sido entendido por Lucas como justificación de la expansión de la Iglesia más allá de Jerusalén.

La fuente para el punto de vista de Esteban era su visión del Hijo de Dios (v. 56). Vio a Jesús en una posición de autoridad a la diestra de Dios. Aunque quizá Esteban no había sido testigo de la resurrección, dio testimonio de ella.

En términos de la misión mundial del cristianismo, Esteban entendió que Jesús era mucho más que el Mesías judío que se esperaba corrientemente. Sentía que la fe cristiana no podía ser confinada a una sola raza o lugar. Debía dejar el templo y Jerusalén. Aunque nunca se pretendió que el templo fuera una institución estática, había llegado a ser sólo eso. Una parte del fracaso de Israel fue su intento de identificar la salvación con las "seguridades y fijezas históricas o terrenales".[2] Quizá su historia pudiera haber sido diferente si el tabernáculo siempre hubiera reemplazado al templo. El tabernáculo simbolizaba el movimiento y progreso hacia la promesa de Dios. El templo era el supuesto de que el pueblo de Dios había alcanzado el propósito de Dios, y que era una fruta preciosa a los ojos de Dios.

Un clásico reconocimiento profético del templo aparece en el sermón de Jeremías (Jer. 7:1—8:3). Es probable que siempre haya habido una rivalidad entre el elemento sacerdotal y el profético en el judaísmo. Jesús estaba claramente en la tradición profética en su énfasis sobre la dirección de Dios más allá de los confines del templo. El templo y sus autoridades habían llegado a representar y defender el *statu quo*. Esteban y el ala no judía de la iglesia ciertamente eran una amenaza. ¿Había de llegar a ser otro templo la iglesia de Jerusalén?

¿Está la iglesia de cualquier generación en peligro de llegar a ser una institución estática? Un testigo contemporáneo podría presentar cargos así contra la iglesia moderna.

Un testigo puesto a muerte (7:54—8:1)

¿Sería martirizado Esteban como consecuencia? La turba enloquecida lanzó piedras contra él. Sus últimas palabras incluyen una oración de perdón, muy similar a la oración de Jesús por los que le crucificaron. Lucas anticipa la posterior conversión de Saulo registrando su presencia en la escena de la muerte de Esteban. ¿Qué oportunidad tuvo el joven fariseo de escapar de ese testimonio? ¿Podría haber olvidado alguna vez el valor y la claridad de Esteban (22:20)? Un hombre murió valientemente como testigo de la verdad. Su testimonio en la muerte fue tan efectivo como sus palabras en la vida. Ciertamente sus palabras no podrían ser recordadas al margen de sus hechos. Las palabras del mártir moribundo eran proféticas para la iglesia: "He aquí", dijo "veo los cielos abiertos" (7:56).

Es significativo que la persecución contra la Iglesia que siguió al martirio de Esteban fue inspirada por los judíos de Jerusalén. No hay señal de que el gobierno romano tuviera parte alguna. Ciertamente, Lucas fue cuidadoso de mostrar en Hechos que la decisión de los jueces romanos era simplemente neutral en las luchas de la Iglesia con el judaísmo. No había nada contrario a la ley romana en las doctrinas de la Iglesia. La capacidad de la Iglesia para vivir y luchar bajo las condiciones imperiales recuerda al lector moderno cuál era la naturaleza de ella: ¡la fuente de su vida está en Dios!

Los miembros de la Iglesia fueron esparcidos por toda Judea y Samaria, aunque los apóstoles quedaron en Jerusalén. Este hecho sugiere un sufrimiento de sacrificio por su parte. Puede sugerir, por el otro lado, que la expansión de la iglesia era el trabajo de los judíos de habla griega. Esteban, Felipe y más tarde Saulo, aparentemente eran todos judíos de fuera de Judea, y la misión mundial está estrechamente identificada con ellos. Con seguridad Pedro se movió fuera de Jerusalén para ser un testigo cristiano. Sin embargo, la Iglesia de Jerusalén estuvo presta para cuestionar sus esfuerzos entre los gentiles (ver 11:1-18). ¡Quizá había muchas personas en la Iglesia que lanzaron un suspiro de alivio cuando los perturbadores judíos de habla griega se fueron!

Cuando el libro de Hechos fue escrito, esta persecución particular había pasado. Sin embargo, la Iglesia pronto se vería confrontada con otra. La persecución era vista como un desafío, una oportunidad de testificar. Una expresión de Tertuliano, un escritor cristiano de ese período, expresa la lección aprendida: "La sangre de los mártires es la semilla de la iglesia". Un mártir (*Martus* en griego) es un testigo.

2. Agente de expansión: Felipe (8:2-40)
Una puerta abierta a los samaritanos (8:2-13)

La escena se mueve de Jerusalén y los creyentes esparcidos a la *ciudad* de Samaria. El artículo, omitido en algunos manuscritos, designa a una ciudad como un lugar importante y no una mera aldea. Si el artículo es correcto, la referencia es a Sebaste, espléndidamente reconstruida por Herodes el Grande. Si el artículo es omitido, la referencia puede ser a Gitta, hogar tradicional de Simón el hechicero. En esa ciudad, cualquiera que haya sido, había un cristiano en particular: Felipe. Como Esteban, Felipe no se pudo limitar al ministerio de servir las mesas. Representa a aquellos que fueron esparcidos desde Jerusalén. No era el único. Otros también estaban predicando la Palabra.

Los samaritanos y los judíos (abreviatura de "judaicos", de Judea) habían erigido barreras el uno contra el otro. Tradicionalmente, los samaritanos representaban el residuo dejado en la tierra después que los mejores de entre ellos fueron llevados por Sargón de Asiria en el 722 d. de J.C. Los israelitas que quedaron se mezclaron por casamiento con el enemigo. Fueron perturbados por el retorno de los desterrados a Jerusalén después de la cautividad babilónica, que terminó en el 536 a. de J.C. Habían establecido su propio centro de adoración en el monte Gerizim, un lugar de significación histórica (ver Deut. 27). Su interpretación de la Escritura los señalaba como religiosamente distintos de los judíos. Las narraciones de los Evangelios revelan la aguda disputa entre los dos pueblos. Los samaritanos adoraban en Siquem, sobre el monte Gerizim. Consideraban como libros sagrados sólo los cinco de Moisés. Habían preservado su propia tradición, sus costumbres sociales y su odio por los judíos. Religiosa y culturalmente, los samaritanos rechazaban a los judíos, y los judíos rechazaban a los samaritanos.

Hubiera sido difícil para uno de los apóstoles acercarse a los samaritanos. Mateo preserva las palabras de Jesús de que debían ir primero a Israel (ver Mateo 10:6). Felipe, que no era de los doce, vio una puerta abierta a los samaritanos y entró. Samaria no era un problema para Felipe. Como en el caso de Esteban, la multitud vio lo que hizo tanto como oyó lo que dijo. ¡Qué trágico es cuando las buenas nuevas son sólo cuestión de hablar!

Las curaciones y las buenas nuevas del Mesías que había venido despertaron el gozo en la ciudad. De repente, desde el ala del escenario apareció un tal Simón el mago. En una época no científica, un hechicero apelaba a la superstición. La reputación de Simón ya estaba hecha: "Este (hombre) es el gran poder de Dios" (8:10). No se describe cómo sacó provecho de la ignorancia de los demás y cómo usó su lealtad. Resulta una sorpresa el que Simón haya creído y haya sido bautizado (v. 13). Cuánto es lo que creyó puede ser indicado por su posterior pedido ambicioso a Pedro (v. 19).

La iglesia extendiendo su alcance (8:14-25)

Mientras tanto, allá en Jerusalén los apóstoles habían oído que los samaritanos habían llegado a ser creyentes. ¿Cómo reaccionó la iglesia de Jerusalén? ¿Acaso Jacobo y Juan no habían querido que cayera fuego del cielo para destruir a los samaritanos cuando rechazaron a Jesús? (Lucas 9:54). Era este mismo "hijo del trueno" el que se unió a Pedro para visitar Samaria. Toda la iglesia estaba envuelta en la expansión lograda por medio de Felipe. Cuando la puerta se abrió, envolvió a la iglesia. Aquella iglesia, interesada y preocupada, podía trabajar junto con él en su misión. La levadura del evangelio ya estaba expandiendo las mentes de estos cristianos. Quizá la barrera fue realmente cruzada cuando los apóstoles, al orar, les pusieron las manos encima. ¡Judíos tocando a samaritanos!

Sea lo que fuere lo que faltaba en la simple fe de los samaritanos, fue logrado por el ministerio de aquellos líderes de Jerusalén (vv. 14-17). La distinción entre haber sido bautizados en el nombre de Jesús y su recepción del Espíritu Santo es señalada, pero no es peculiar de los samaritanos (ver 19:1-6). El Espíritu Santo es libre y no estaba confinado a la iglesia de Jerusalén. Sin embargo, habitaba en el seno de aquella fraternidad y le guiaba en su trabajo conjunto. Honraba su expansión a Samaria confirmando la experiencia de los nuevos creyentes. Su venida era claramente reconocible, aunque ni lenguas ni fuego se mencionan en este relato. Quizá la cosecha del Espíritu: "amor, gozo, paz", etcétera (Gál. 5:22, 23) era manifiesta en las relaciones entre judíos y samaritanos. ¡Esto ya era un milagro! El cruce en la actualidad de las barreras religiosas, raciales o culturales puede ser adscrito con la misma claridad a la obra del Espíritu Santo. El diálogo actual entre bautistas y católicos, bautistas y judíos, católicos y judíos, negros y blancos, puede ser la obra del Espíritu Santo, y también ha demostrado ser de carácter milagroso.

La respuesta de Simón a las manifestaciones del Espíritu es desalentadora, pero subraya cómo se puede confiar en el relato de Hechos. No es un cuento de hadas, donde todo llega a un final feliz. Desde luego surgió un problema en la iglesia en Samaria. El intento de Simón de comprar el poder espiritual (vv. 18, 19) dio el nombre de "simonía" a la práctica medioeval de vender y comprar las posiciones clericales. La brusca reprensión de Pedro: "En hiel de amargura y en prisión de maldad veo que estás" (v. 23) refleja lo vacuo de la respuesta previa de Simón. Asombrado por lo maravilloso, no había sido dominado por Jesucristo. Quizá Lucas traza *ex profeso* el agudo contraste entre Simón el mago y Simón el obrador de milagros. Sin embargo, Pedro le ofreció la posibilidad del arrepentimiento y Simón pidió la oración intercesora.

Pedro y Juan habían ido como mensajeros de la iglesia de Jerusalén, y habían dado a los samaritanos ayuda espiritual. Ni la iglesia ni sus líderes habían rehuido el problema. Ni habían roto la confraternidad con Felipe por su expansión. Habían confrontado el trabajo de Dios con gente diferente a ellos, y lo habían aceptado como algo genuino. En su camino de vuelta a Jerusalén, Pedro y Juan mismos predicaron las buenas nuevas del amor de Dios a los samaritanos. Aquellas buenas nuevas estaban destinadas a todo el mundo.

Una oportunidad con el eunuco etíope (8:26-39)

Dios no había terminado aún con Felipe. El avivamiento en Samaria no había terminado necesariamente, aun cuando Felipe fue guiado a otra parte. De los muchos convertidos, de una experiencia excitante, Felipe fue dirigido a un camino que llevaba al sur de Jerusalén. ¿Cuestionó Felipe la estrategia divina? ¿Sopesó las masas que vivían en Samaria frente a los pocos que viajaban por aquel camino? ¿Fue concretamente a través de Jerusalén para ir hacia el sur de Samaria? "Se levantó, y fue" (v. 27). Esto es obediencia.

En cuanto a lo que Felipe y el Espíritu Santo están implicados, había otro hombre en el camino. Era alguien tan rechazado por el judaísmo como lo eran los samaritanos. Aunque honrado por su reina y devoto de la adoración judía en Jerusalén, nunca había llegado a ser judío. La barrera racial no era el problema. Podría haber sido tan semítico como Pedro. El problema estaba en que era eunuco.

La ley negaba claramente a un eunuco un lugar en la asamblea de Israel (Deut. 23:1). El no podía hacer nada para cambiar esa ley. El profeta Isaías había hablado de un día cuando esa ley sería trascendida por la salvación de gracia de Dios (Is. 56:4, 5). Como muchos otros de los pronunciamientos justos y esperanzas espirituales de Isaías, esta promesa era ignorada por el judaísmo del primer siglo. Un eunuco no podía llegar a ser judío. Podía ofrecer sus dones en el templo y ansiar la plena aceptación, pero le era negada una parte en el pacto. ¿Podía cruzar esa barrera el evangelio?

Sería difícil imaginar un encuentro más dramático, de hombre a hombre, que aquel en el polvoriento camino. El eunuco, que volvía a su casa, ¡estaba leyendo del profeta Isaías! Había ido tan lejos como lo permitía la ley en el judaísmo. Su lectura de Isaías le estaba preparando para el evangelio. Aun las Escrituras hebreas habían sido traducidas en el idioma griego. Su limitada exposición a la vida judía le hacía más fácil creer.

Lo que estaba leyendo el eunuco no era un pasaje mesiánico aceptado popularmente. Los judíos del primer siglo no encontraban en la imagen del Siervo sufriente una satisfacción para sus propias esperanzas mesiánicas nacionalistas. La iglesia cristiana tomó esos pasajes del Antiguo Testamento como algo que se había cumplido claramente en los sufrimientos de Jesús. Los judíos habían rechazado ese tipo de Mesías. Quizá, el pasaje de Isaías 53 habló claramente a la profunda necesidad del eunuco en su soledad y frustración. Las escrituras del Antiguo Testamento jugaron una gran parte en el testimonio de la Iglesia primitiva. Mucho después de la ruptura con las instituciones judías, la Iglesia retenía su interés básico en las Escrituras del Antiguo Testamento. Dios habló a través de ellas, aun al eunuco.

Un intérprete como Felipe era de ayuda. De entre los esparcidos desde Jerusalén, debe haber habido otros que entendieron e interpretaron las Escrituras de esa manera. Ese ministerio era aprobado por la Iglesia, y este relato es preservado como un testimonio del alcance de la Iglesia. La Escritura por sí misma es poderosa, pero se entiende más fácilmente bajo la dirección de un hombre lleno del Espíritu.

Felipe mostró al eunuco cómo las Escrituras fueron cumplidas en los sufrimientos de Jesús. Al hablar de Jesús, debe haber dicho algo sobre el bautismo cristiano. El eunuco estaba ansioso de ser identificado por el bautismo con el pueblo de Dios. ¿Le habría dicho Felipe cómo el Espíritu Santo frecuentemente venía al creyente en relación con el bautismo? Por supuesto, el Espíritu Santo podía venir con la imposición de manos o simplemente en la experiencia de la adoración pública. Había agua al lado del camino. ¿Por qué no? ¿Había un impedimento porque él era un eunuco?

No había impedimento que no pudiese remover la gracia de Dios.[3] Descendieron al agua y salieron, y "el Espíritu del Señor arrebató a Felipe" (v. 39). La respuesta de Felipe a la dirección del Espíritu no parece haber perturbado al eunuco, quien "siguió gozoso su camino" (v. 39). Ya no era un desechado del pueblo de Dios. La iglesia, a través de Felipe, había alcanzado a incluirle.

Todas las ciudades hasta Cesarea (8:40)

Hay una interesante distinción entre las aldeas de los samaritanos, en las que predicaron Pedro y Juan en su regreso a Jerusalén (v. 25), y las ciudades a las cuales predicó Felipe en su camino a Cesarea (v. 40). Quizá es sólo una cuestión de estilo, pero puede reflejarse una presentación más amplia del evangelio en estos términos. Felipe se estableció en Cesarea y aparece en escena nuevamente en 21:8, 9 como padre de cuatro hijas que profetizaban.

3. Verdad para hoy

Un ministerio en la iglesia no es un puesto honorífico. Sea que el miembro sirva como mozo en la mesa, miembro del comité de beneficencia o vibrante apologista de la fe, se espera que actúe como Dios lo dirija. El corto ministerio de Esteban fue variado, pero efectivo.

Dios es Espíritu y no puede ser confinado por cercos humanos. Nuestra aceptación de su soberanía sobre toda la creación implica nuestra fe en su capacidad de revelarse a sí mismo donde él quiera. Ningún grupo o institución humana lo controla.

Es atemorizadoramente fácil desobedecer a Dios y engañarnos a nosotros mismos al mismo tiempo. La lealtad a la nación y a la familia, y aun a una iglesia en particular puede llegar a ser una demanda más fuerte que la lealtad a Dios. Bajo tal autoengaño espiritual, pueden cometerse crímenes contra otras personas de diferentes nacionalidades o iglesias, y podemos suponer que nosotros mismos estamos haciendo la voluntad de Dios. La Inquisición nos recuerda los excesos a los que pueden llegar los hombres religiosos.

Una aparente tragedia puede obrar para la gloria de Dios. Dios es capaz de "entrar en escena" y extraer una bendición de un terrible desaliento, de cambiar la tragedia en triunfo. La pérdida de un líder en una iglesia puede significar un mayor campo de servicio en otra iglesia. Un cristiano no necesita confinarse de por vida en una zona fija.

No hay nadie, salvo Satanás, para quien el amor de Dios sea una mala nueva. El más esperanzado y el más deprimido, el más atractivo y el más repulsivo, el más poderoso y el más dependiente, todos desean ser amados. La iglesia ofrece el amor de Dios a todos los hombres.

La Escritura da un testimonio al mundo y su uso debe ser alentado. El testimonio de la Escritura, sin embargo, es más claro cuando es interpretado en amor, por la palabra y el hecho. El dominio del mensaje es importante. También lo es el dominio por parte del Espíritu Santo, quien, según la promesa de Jesús, es nuestro maestro.

---

[1] Es posible que la referencia sea a varias y diferentes sinagogas. Una tradición judía, no necesariamente digna de fe, habla de 480 sinagogas en Jerusalén.

[2] William Manson, *The Epistle to the Hebrews* (Londres: Hodder and Stoughton, Ltd., 1951), p. 35. El profesor Manson ha relacionado la defensa de Esteban con la Epístola a los Hebreos de una manera interesante y convincente. Su visión sobre la "escuela" de Esteban es útil.

[3] El versículo 37, atractivo como confesión cristiana, no está incluido en los documentos más dignos de fe del Nuevo Testamento. Parece haber sido agregado en un tiempo antiguo, y refleja la creencia de que una confesión cristiana así debe preceder al bautismo.

4

La Misión de Pedro: Judea y Cesarea

Hechos 9:32—10:48; 12:1-24

Un pastor describía a un hombre de su congregación como "un diamante en bruto". En ciertos casos aquel cristiano era una verdadera joya, agradable y atractivo. En otros, era testarudo y perezoso. Sin embargo, estaba siendo cada vez más agradable y activo. El Señor estaba usando su fraternidad con otros cristianos, la paciencia de su pastor y el desafío de una tarea difícil. La belleza del diamante estaba comenzando a mostrarse. Sólo Dios sabe cuántos diamantes en bruto permanecen esperando un pulidor capaz. Uno de los personajes más interesantes en ese sentido en el Nuevo Testamento es Simón Pedro. Como un diamante en bruto, era de mucha promesa. El proceso de pulimento comenzó a principios del ministerio de Jesús, y siguió a través de la negación y restauración de Pedro. Mientras, Pedro aprendió el propósito de Dios en el ministerio de Jesús, especialmente en la crucifixión y resurrección.

El propio ministerio de Pedro alcanzó un punto cumbre con su poderoso sermón de Pentecostés. Simón Pedro también puede ser recordado por su ministerio a las necesidades humanas. Muchos recordaban su interés personal en el cojo en la puerta del templo y sus sanidades en Judea. Cualquier pastor conoce una gran variedad en su ministerio. Pedro estaba ministrando a la necesidad humana, en la medida en que lo hace un buen pastor.

Algunos eruditos han sugerido que se ponga a esta sección de Hechos el título de "Los Hechos de Pedro". Pedro mismo habría sido el primero en insistir en que era Dios el que estaba actuando. Dios había actuado en Jesús. Pedro simplemente estaba siguiendo los pasos de Jesús. ¡Cuán sabio fue que Jesús eligiera a Pedro! ¡Cuán efectivo fue su entrenamiento! Muchos eruditos neotestamentarios creen que gran parte del registro del ministerio de Jesús, tal como se encuentra en Marcos, Mateo y Lucas está basado en las reminiscencias de Pedro. Había pertenecido al círculo íntimo del grupo de los discípulos. Estaba señalado para el liderazgo.

1. Milagros en Judea (9:32-43)

El telón se levanta cuando Pedro viaja de Jerusalén a través de los campos de Judea. Debe haber sido difícil para Pedro, un galileo, estar confinado al templo y las calles de Jerusalén. Otros de los apóstoles pueden haberse quedado bajo el amparo de los patios del templo; pero Pedro era demasiado agresivo para eso. Dios tenía algunos milagros para obrar a través de él.

Eneas en Lida (9:32-35)

El hombre que Pedro encontró en Lida había estado en cama por ocho años. Ciertamente esto haría remontar la situación al ministerio de Jesús. Jesús no había sanado a todos los paralíticos, cojos y enfermos. Como habían quedado muchos con su necesidad, sus seguidores recibieron poder para aquella tarea. Quizá Eneas no se había quejado, dispuesto a sufrir con paciencia. En una tranquila visita Pedro lo encontró, y a través de él Jesús lo curó. El uso de la palabra "halló" indica el interés de Pedro en la gente. Estaba alcanzado a la gente.

La iglesia y sus líderes nos desilusionarían si pasaran por alto a personas como Eneas. La extensión hasta Eneas y Dorcas no fue motivada por el deseo de un número mayor de miembros, ni una mayor asistencia, ni un mayor presupuesto. La misma compasión que Jesús mostró hacia el sufrimiento humano encontró expresión en Simón Pedro. Así debe ser en nosotros.

Dorcas en Jope (9:36-43)

La antigua ciudad de Jope, de donde Jonás huyó de la voluntad de Dios, era el escenario del próximo ministerio de Pedro. ¿Qué haría Pedro en Jope? Esta cuestión es contestada en la obra de Pedro en Dorcas. Cada vez que una clase femenina de escuela dominical recibe su nombre, está inmortalizando a Dorcas. Sembró para los pobres. Fue lamentada cuando murió. Los amigos de Cristo se dolieron de su partida.

Su milagrosa historia es contada sencillamente, y al leerla se tiene la impresión de un testigo visual. Dos hombres fueron desde Jope a Lida y urgieron a Pedro para que fuese inmediatamente. De manera espontánea Pedro fue a ministrar a una necesidad. Después de su apelación en oración a Tabita (nombre de Dorcas en arameo) ella se sentó, viva. La noticia del milagro se esparció por todo Jope y muchos creyeron. También en Lida muchos creyeron por el milagro de sanidad.

Aunque no hay registro en los Evangelios de que Jesús haya visitado una de esas ciudades, él sentó el ejemplo (ver Lucas 8:1). Pedro estaba siguiendo a su Señor, compartiendo las buenas nuevas, y ministrando dondequiera que veía una necesidad.

Hay un designio evidente en el relato de Lucas. Todo el ministerio en Judea es una preparación para uno más amplio. La misión, comenzada en Jerusalén, no debía confinarse allí. Al ministrar a la necesidad de un paralítico, y respondiendo a los doloridos clamores de los amigos de Dorcas, Pedro nos da un cuadro de verdadera preocupación cristiana, que alcanza a satisfacer las necesidades de otras personas, donde quiera y cuando quiera que sea.

Además, esta historia nos cuenta del notable avance del evangelio al expandirse. Pedro se quedó en Jope con un tal Simón, un curtidor. Los curtidores negociaban con los cueros de animales, algunos de los cuales eran ceremonialmente impuros (ver Lev. 11:39, 40). Simón el curtidor debe haber estado bajo la sombra de la ley ceremonial judía. Sin embargo, Pedro se alojó en su casa. Y además Jope estaba en el camino de Lida o Cesarea, donde vivía el gentil Cornelio. ¿Por qué incluyó Lucas estos hechos, sino para sugerir los círculos cada vez mayores de la preocupación del evangelio?

2. Un milagro en Cesarea (10:1-48)

Desde las ciudades rurales de Judea, la escena de Hechos cambia abruptamente. Cesarea, una ciudad gentil, estaba destinada a tener mucha significación en la temprana historia cristiana. Este puerto marino, construido por Herodes el Grande, era bastante grande como para servir a veleros de alta mar. Aun ahora es visible la amplia construcción portuaria. La ciudad llegó a ser la capital romana de Palestina, y disfrutó de las ventajas culturales de una ciudad romana. El gobernador vivía allí en un palacio construido por Herodes. Desde Cesarea el gobernante viajaba a Jerusalén en tiempos festivos, y así demostraba su autoridad con su presencia. Como la población de Cesarea era predominantemente gentil, las relaciones entre judíos y gentiles no eran siempre suaves. Cesarea parece haber sido el centro del culto al emperador, aunque la presencia de muchos judíos debe haber asegurado que también habría sinagogas.

Un gentil en oración (10:1-8)

Entre los gentiles de la ciudad estaba Cornelio, un centurión, que también era un hombre temeroso de Dios. El Nuevo Testamento siempre trata con respeto a los centuriones. Por su responsabilidad, estos soldados romanos no estaban sujetos a los excesos de los oficiales militares de alto rango. La fuerza de las legiones descansaba sobre sus hombros. Eran elegidos con eso en mente. Como gentil temeroso de Dios, Cornelio estaba estrechamente relacionado con el judaísmo. Como muchos gentiles había sido atraído a la forma en que adoraban a un solo Dios y a sus ideales éticos.

Cuando la escena se abre en Cesarea, Cornelio está en oración. Las influencias espirituales de las enseñanzas y prácticas judías eran más fuertes de lo que a menudo se supone. Sus continuas oraciones eran acompañadas por ofrendas generosas. Así es como estaba listo para una nueva revelación de Dios. Quería saber qué otra cosa podía hacer para acercarse al Dios de Israel.

El Dios de gracia respondió a la fe práctica del centurión. No había motivo para pensar que Cornelio conocía a Simón Pedro. Puede haber sabido algo del ministerio de Jesús. Lo que sí sabemos es que tenía respeto por el judaísmo y temía a Dios. Cuando entendió claramente la voluntad de Dios, hizo arreglos para obedecerle. Compartió su visión con dos criados y un soldado y los mandó a Jope.

Un judío en oración (10:9-23)

Mientras que era obedecido el mandato de Dios al gentil, Pedro estaba orando. El también era un hombre de hábitos espirituales. Su fe había sido desafiada por los hechos recientes, y él estaba buscando la dirección del Señor. Durante muchos días había permanecido en Jope, esperando.

Mientras Pedro oraba, alrededor de mediodía, tuvo hambre. La visión era relativa a la comida, pero a comida inmunda. La ley judía era muy detallada en sus distingos entre comida limpia e inmunda (ver Lev. 11:1-45). No sólo eran inaceptables como comidas ciertos animales, sino que aun los animales aceptables debían ser muertos adecuadamente (Lev. 17:10-14). Por el otro lado, los gentiles se deleitaban en cortes raros. ¡Era un absurdo que un buen judío pudiera soñar siquiera con comer alimentos inmundos! Pedro quedó perturbado por esta visión.

Sin embargo, durante su ministerio, Jesús había hecho "limpios todos los alimentos" (Marcos 7:14-23). Algunos estudiosos creen que el Evangelio de Marcos representa los recuerdos de Pedro sobre el ministerio de Jesús. ¿Se relaciona Marcos 7:14-23 con este episodio? ¿Cuándo reconoció Pedro plenamente el significado de las palabras de Jesús? ¿Después de su experiencia práctica con ellas? ¿Cómo se llega a entender las palabras de Dios? Más tarde Pedro habrá recordado las palabras de Jesús a la luz de su propia experiencia con los gentiles, y habrá llegado a la conclusión de que ésa era la intención divina desde el principio. No obstante, al comienzo Pedro se defendió como un judío guardador de la ley: "Ninguna cosa común o inmunda he comido jamás" (v. 14).

Tres veces se repitió la extraña visión. Cada vez el expreso mandamiento del Señor dirigió a Pedro a actuar en desafío de la ley. Para un judío era difícil ver la dirección de Dios como algo supremo sobre la ley. Cuando el pueblo de Dios no puede aceptar la voluntad de Dios para ellos porque desafía su interpretación anterior, el resultado puede ser trágico. Un acercamiento estático a la voluntad de Dios ha hecho difícil para muchos cristianos el seguir la voluntad de Dios. El mandato de Dios a Pedro no era una violación *de* la ley; descansaba en la autoridad de Dios *sobre* la ley.

Mientras Pedro consideraba esta perturbadora visión, Dios se estaba moviendo para hacer claro su significado. Los tres hombres mandados por Cornelio habían llegado ya a la casa. Una decisión que podría haber causado gran ansiedad a Pedro ahora era clara a causa de la preparación de Dios. Pedro invitó a los dos criados y al soldado a la casa y los atendió. Mientras estaban en oración, tanto Cornelio como Pedro habían sentido la voluntad de Dios.

Un judío predicando a un gentil (10:23-43)

Jonás también había oído el llamado del Señor en Jope. El antiguo relato no revela cuánto antes Jonás había comprendido su misión a Nínive, ni dónde sintió por primera vez la voluntad del Señor. Jope fue la escena de su desobediencia. Rechazó el concepto del amor de Dios para el no israelita. Se negó a ser el arma del alcance de

Dios al mundo más allá. Jope también pudo ser el sitio de la desobediencia de Pedro y la negativa de la iglesia a extenderse. Pero no lo fue.

Fortificado por la oración, Pedro acompañó a los visitantes a Cesarea. Es significativo que haya llevado consigo a algunos de sus amigos de Jope (v. 23). Fue bastante sabio como para saber que los de la iglesia de Jerusalén fruncirían el ceño por su misión a una familia gentil. ¿Acaso Jesús no había exhortado a sus discípulos a que fueran "prudentes como serpientes, y sencillos como palomas" (Mateo 10:16)? Antes de Pentecostés, una misión así hubiera sido inimaginable para Pedro.

La amistosa gira por las ciudades de Judea, y la curación de unos pocos enfermos, simplemente aportó el fondo para el cambio de dirección hacia Cesarea. No era sino el preludio de la acción principal. ¿Estaba lista la iglesia para compartir el evangelio con un gentil? No había tiempo para llamar a la iglesia de Jerusalén a una conferencia sobre el asunto. Pedro respondió al llamado, aunque parece que era consciente de la amenaza que significaba para la confraternidad en Jerusalén. La conferencia vendría luego, después que hubiera actuado el Espíritu Santo.

Es significativa la visión anticipada tanto de Pedro como de Cornelio. Mientras Pedro arreglaba con algunos judíos de Jope para que lo acompañaran, Cornelio invitó a los amigos gentiles para que escucharan a Pedro. Las presentaciones se redujeron al mínimo. Sólo eran necesarias pocas palabras sobre el señorío de Dios. Pedro estaba a la defensiva en cuanto a estar en casa de un gentil, pero había cruzado la barrera. La explicación de Cornelio fue más detallada: él había sido dirigido por Dios a convocar a Pedro (vv. 30-32). Todas las cosas estaban listas. Pedro comenzó a predicar.

A partir de un concepto de misión del Antiguo Testamento (Deut. 10:17; 2 Crón. 19:7) Pedro usó el texto: "Dios no hace acepción de personas" (v. 34). La frase griega, traducida literalmente, significa "Dios no recibe al hombre por la cara". Dios se preocupa por el hombre interior más que por la apariencia exterior. Todo era una experiencia para Pedro. La reconoció como el lógico surgimiento de la propia misión de Cristo (vv. 33-43). Al comienzo admitió que alguien que hubiera temido a Dios y obrado justicia era aceptable a Dios. ¿Estaba describiendo a Cornelio? La declaración de Pedro en los versículos 34, 35 es un resumen de una de las visiones de los profetas del Antiguo Testamento (Ver, por ejemplo, Is. 49:5, 6). Sin embargo, pocos de los profetas habían recibido honra, salvo después de morir. Sus mensajes misioneros simplemente eran archivados bajo el título correspondiente.

Pedro resumió el ministerio de Jesús con la hermosa declaración: "Jesús . . .anduvo haciendo bienes" (v. 38). El versículo 37 puede significar que Cornelio tenía un conocimiento previo de ese ministerio, aunque no haya constancia de que Jesús haya predicado en Cesarea. El ministerio de sanidad de Jesús es descrito como una conquista sobre el demonio (v. 38). Pedro declaró que el ministerio de Jesús fue realizado por el poder del Espíritu Santo, Pedro mismo había sido testigo de esos hechos (v. 39).

La predicación apostólica no dejaba de relatar la pasión. Los apóstoles se habían desanimado ante el rechazo del Hijo de Dios por Israel. Los detalles del rechazo, la traición, el juicio, la negación, la crucifixión y la resurrección quedaron aferrados para siempre en la mente y el corazón de Pedro. Los contó una y otra vez. El hecho es claro en la forma en que concuerdan estrechamente los cuatro Evangelios en estos hechos. Cada uno de los autores de los Evangelios enfocó los últimos días de Jesús de manera diferente, pero existe una profunda similitud en sus registros de los hechos de la pasión. La muerte y resurrección de Jesús era el núcleo de las buenas nuevas, el corazón del evangelio. En estos hechos está la clara manifestación del amor de Dios en Cristo.

El sermón de Pedro continuó a través de la resurrección (v. 41), porque sin el triunfo del amor y la vida todo lo demás no hubiera significado nada. Tampoco era el sermón un informe de segunda mano. Todos los hechos, incluyendo la resurrección, eran una parte de la experiencia personal de Pedro. Dios le había escogido junto con otros. Su misión era clara: predicar a las gentes. El tiempo del juicio era también una parte esencial de las buenas nuevas, pero se omiten los detalles del juicio (v. 42). La invitación era tan amplia como la raza humana: "todos los que en él creyeren" (v. 43).

El Espíritu Santo y los gentiles (10:44-48)

La venida del Espíritu Santo no está confinada a algún hecho particular en la vida del pueblo de Dios. Ni, para sorpresa de Pedro, está confinada a una clase especial de gente. Pedro había llevado el evangelio a la casa de un gentil, quizá con duda, seguramente con preguntas, Pedro no sabía qué esperar como resultado de su obediencia.

Más que Pentecostés, Cesarea puede haber sido la hora más grandiosa para Pedro. Dios mandó su Espíritu a los gentiles, y los judíos presentes estaban sorprendidos. ¿Qué sabemos en cuanto a Pedro?

El interpretó el don como confirmación de su fe. La manifestación, incluyendo las "lenguas" de alabanza, eran evidentes a todos. La referencia de Pedro al bautismo de los gentiles puede parecer un poco a la defensiva: "¿Puede acaso alguno impedir el agua?" (v. 47). Esta pregunta sólo recalca el hecho de que Cesarea fue una verdadera apertura. (La actitud posterior de la iglesia en Jerusalén —ver 11:1-3— señala que su reacción era realista.) Los gentiles fueron bautizados "en el nombre del Señor Jesús" (v. 48).

3. Un milagro en Jerusalén (12:1-24)

La frase "En aquel mismo tiempo" (12:1) introduce otra notable experiencia en el ministerio de Pedro. El suave fluir de los hechos en estos capítulos tiene tras sí el arte del autor, guiado por el Espíritu Santo de Dios. En el Evangelio, Lucas agrupó sus materiales alrededor de ciertos poderosos movimientos como por ejemplo, el relato del viaje de Jesús a Jerusalén (Lucas 9:51—19:28). La organización hecha por Lucas de ese material sugiere un plan similar aquí. Nos movemos de un hecho a otro y cada uno edifica al otro. La liberación de Pedro de la cárcel, y la muerte posterior de Herodes, parece explicar el versículo 24: "Pero la palabra del Señor crecía y se multiplicaba". Entre otros propósitos que Lucas tuvo al escribir Hechos, parece clara esta meta: mostrar cómo la misión de Cristo se expandió a través del testimonio fiel de sus seguidores. Otros versículos similares marcan el tema en su desarrollo (ver 2:47; 4:4, 31; 5:11, 42; 8:4; 9:31).

La ejecución de Jacobo (12:1, 2)

Hechos 12 está lleno de maravillas. El Herodes de este capítulo era un antagonista personal de la iglesia. Su abuelo había sido Herodes el Grande, conocido por su matanza de los infantes de Belén (ver Mateo 2:16) (Herodes el Grande también mató a su esposa Mariamne y a su hijo Aristóbulo. Aristóbulo era el padre de este Herodes Agripa).[1] Agripa fue criado en un clima de sospecha, crueldad y grosera inmoralidad.

Había recibido del emperador romano ciertos territorios predominantemente gentiles en el norte y este del mar de Galilea. Más tarde, debido a intrigas políticas y la muerte del emperador Tiberio, recibió el reinado y el territorio de Galilea, Samaria y Judea.[2] Su poder dependía únicamente de Roma y sus relaciones con los judíos reflejaban su propia ambición política. La oposición a la iglesia parecía una atractiva instancia política. Su propia vida espiritual era negativa, y su persecución ciertamente no representaba ninguna lealtad básica al judaísmo.

Sin duda, la expansión desde Jerusalén y las relaciones resultantes entre miembros judíos, samaritanos y gentiles, había hecho que la Iglesia de Jerusalén fuera algo repulsivo a otros judíos. La oposición de Herodes no presenta ninguna sugestión de una persecución romana organizada. Era un hombre minúsculo, que no tenía reparos de conciencia en matar por tener ganancias personales. ¿Qué esperaba conseguir? La ejecución de Jacobo "había agradado a los judíos" (vv. 2, 3). A diferencia de Esteban, que cayó bajo la violencia de una turba, Santiago cayó como una pieza en el juego de la política, sacrificado a la ambición de Agripa.

El arresto de Pedro (12:3-11)

La época era la pascua; muchos judíos estaban visitando Jerusalén. La seguridad romana era notablemente enérgica durante la temporada de la fiesta. Pedro fue colocado bajo máxima seguridad, pero la iglesia estaba orando fervientemente por él. Quedó demostrado que la oración era la fuerza más poderosa. Herodes había planeado entregar a Pedro al pueblo, casi como Pilato había dado a Jesús en su tiempo. Sería un sacrificio de pascua; pero Dios tenía otros planes.

La escena en la prisión no es distinta de una escena posterior en Filipos (ver 16:23-26). Ciertamente parece que Lucas hubiera comparado los ministerios de Pedro y Pablo deliberadamente. Vio comparaciones interesantes y significativas entre el apóstol a los judíos y el apóstol a los gentiles.

El cuadro es enfocado en la celda donde Pedro dormía encadenado a dos soldados. Otros soldados cuidaban la puerta de la prisión. Un mensajero del Señor estaba presente para liberar a Pedro de sus cadenas y guiarle fuera de la prisión más allá en la ciudad. La liberación de Pedro, de acuerdo a su propio relato, fue un milagro: "Ahora entiendo verdaderamente que el Señor ha enviado su ángel" (v. 11).

Una reunión de oración (12:5, 12-16)

Mientras tanto, en la casa de María, la madre de Juan Marcos, muchos estaban orando por Pedro (vv. 5, 12). ¿Estaban orando por su liberación? ¿Por una ejecución misericordiosa y rápida? ¿Para que tuviera valor en la prueba? ¿Para que la voluntad del Señor se hiciera? ¿Cómo se debe orar en esas circunstancias? Sus oraciones fueron contestadas mientras aún oraban. Dios se mueve según su propio programa; para contestar nuestras oraciones, él no siempre espera el "amén".

La conducta de Rode es deliciosa, y seguramente es una evidencia de un testigo directo a quien Lucas consultó. Mientras Pedro golpeaba la puerta para ser recibido, Rode trató de convencer a sus amigos que sus oraciones habían sido contestadas (vv. 14-16). Es claro que no estaban esperando su liberación, aunque pueden haber estado orando por ello. "¡Es su ángel!" fue la conclusión desesperada a que llegaron los cristianos en oración (v. 15). Pensaron que Herodes ya lo había ejecutado, y que era mejor que dejaran de orar. El lenguaje de Lucas es conciso: "Cuando abrieron y le vieron, se quedaron atónitos" (v. 16). Lucas menciona el lugar de la reunión de oración —la casa de María— anticipando la importancia de su hijo Marcos en la misión cristiana en una época posterior. ¿Qué efecto habría de tener sobre Juan Marcos la oración contestada en bien de Pedro?

"Haced saber esto a Jacobo" (12:17)

Este relato, maravillosamente relatado, debe ser leído cuidadosamente. No sólo ha sido introducido en escena Juan Marcos, sino que también se nota un giro con respecto a Jacobo. Este, el hermano del Señor, es mencionado aquí. Más tarde asumiría la dirección de la iglesia en Jerusalén. Lucas señaló el surgimiento de Jacobo como líder en el encargo de Pedro. Jacobo representaba el ala conservadora de los judíos cristianos dentro de la iglesia. La tradición le ha recordado como piadoso y guardador de la ley. Pedro dejó en sus manos la responsabilidad de la dirección de la iglesia. No hay evidencia de que Jacobo alentara la expansión desde Jerusalén. No parece haber sido activo en el testimonio. Quizá sus tareas eran puramente administrativas. Era altamente respetado por los judíos en Jerusalén.

Reivindicación de la iglesia (12:18-24)

Herodes reaccionó a la huida de Pedro como correspondía al tirano que era. Ordenó la ejecución de los soldados a quienes se había encargado que lo guardaran. Entonces Herodes se volvió a Cesarea, centro de la autoridad romana en Palestina. Su verdadero carácter es retratado en sus relaciones con Tiro y Sidón. Las dos ciudades representaban la cultura fenicia, y normalmente eran unidas por los romanos más bien con Siria que con Palestina. El relato cuenta de una antigua actitud en la diplomacia del dinero. Herodes usó la provisión de comida como instrumento para su propia gloria. Los miembros de la iglesia de Jerusalén, heridos aún por la ejecución de Jacobo y el arresto de Pedro, vieron en la muerte de Herodes la mano del Señor. Flavio Josefo, un antiguo historiador judío, fecha la muerte de Herodes en el año 44.[3]

El triunfo de la iglesia en su fidelidad a la misión de Cristo es, como hemos visto, uno de los temas de Hechos. Este tema introduce la sección que comienza con 9:31 y concluye con 12:24. La misión de Pedro, de Jerusalén a Cesarea y su regreso, es la historia. Se da énfasis al cumplimiento de la misión de Cristo por medio del testimonio y el ministerio de los cristianos fieles. En estos hechos se establecieron ciertos precedentes, que sirvieron como guías para una posterior expansión. Es importante ver que el ala judía de la iglesia también está activa en la extensión. Lucas no estaría descoso de atribuir la expansión sólo a los cristianos de habla griega, aunque parece que ellos estaban envueltos profundamente. El propio ministerio de Jesús fue expandido en la acción de Pedro. Hubiera sido interesante tener más detalles del ministerio de Felipe en Cesarea. ¿Habrá preparado él, en algún sentido, el camino para la visión de Cornelio? El ofrecimiento del evangelio a Cornelio ciertamente representa un avance sobre otros alcances previos. El testimonio de Felipe al eunuco parece haber preparado el camino, aunque no se mencionan observadores (8:26-39). En contraste, la conversión de Cornelio fue presenciada por varios cristianos judíos (10:23, 24).

La visión de Pedro en la terraza debe haber despertado una cuerda predispuesta en la mente de Lucas, especialmente porque Lucas era gentil. La fraternidad de Antioquía se vio amenazada cuando judíos y gentiles comieron juntos (Gál. 2:11-14). El comer juntos era una barrera real para las relaciones estrechas entre judíos y gentiles. Por lo tanto, la visión de Pedro parece haber tenido una aplicación más amplia que la mera familia de Cornelio.

Puede haber una nota triste en la salida de Pedro de Jerusalén. Si él hubiera permanecido como líder de la iglesia allí, quizá la misión de Pablo hubiera recibido un apoyo más entusiasta. Con la presentación del evangelio a Cornelio Pedro llegó a ser un aliado por adelantado.

Se había trasladado de Jerusalén a Samaria, de allí a Judea y luego a Cesarea. La distancia geográfica no era grande, pero el alcance de la iglesia hacia el mundo gentil excedía en mucho el número de kilómetros que Pedro había viajado.

4. Verdad para hoy

El servicio es un medio para hacer conocer el evangelio. La experiencia de Pedro con Eneas y Dorcas sugiere la importancia del ministerio en el testimonio del evangelio. El ejemplo de Jesús y Pedro en su preocupación por el hombre completo es el modelo para el cristiano actual. Como las personas son afectadas por sus situaciones en la vida, sus sufrimientos y todo lo demás, ministrar es una parte importante de la tarea del testimonio total.

Nuestro conocimiento de la voluntad de Dios está sujeto a nuevas interpretaciones. Pedro pensaba que conocía la voluntad de Dios. Había sido declarada en la ley. Sin embargo, Dios descubrió un medio para aumentar la comprensión de su voluntad por parte de Pedro. El hecho de que Pedro se haya movido cuidadosamente es una evidencia de su incertidumbre en su recién descubierta comprensión. El hecho de que de todos modos se haya movido es una evidencia de su sinceridad. Quería conocer y hacer la voluntad de Dios.

Hacer la voluntad de Dios puede requerir valor. Pedro hubiera tenido menos preocupaciones personales si hubiera vuelto la espalda a Cornelio. Pero Pedro tenía el coraje de sus convicciones.

Sin embargo, él también tuvo el valor de permitir que su interpretación de la voluntad de Dios fuera sujeta al examen de la Iglesia. Cuando uno tiene un punto de vista diferente y cree que es de Dios, no debe temer de someterla a los demás cristianos para que ellos comprueben su validez.

La voluntad de Dios para las iglesias en que ellas alcancen a la gente en todas condiciones y de todas clases. Esta es la verdad básica en esta sección de Hechos. Pedro aprendió esa lección; la iglesia de Jerusalén la aceptó, tal como veremos. Sin embargo, también veremos que no todos los cristianos neotestamentarios estaban dispuestos a aceptar todas las implicaciones de esa verdad.

La validez de la vida de una iglesia puede ser medida por esta verdad.

Dios es soberano y preside sobre la historia. A pesar de todos los peligrosos Herodes de la experiencia humana, Dios reina. No hay alegría en la descripción que Lucas hace de la muerte de Herodes. Los primeros cristianos miraban más allá de las tribulaciones presentes hacia el triunfo prometido por Dios. En la liberación de Pedro y en la derrota de Herodes puede verse la promesa del futuro de Dios.

[1] A. H. M. Jones, *The Herods of Judaea* (Oxford, Clarendon Press, 1938), pp. 184-216.

[2] George Ernest Wright y Floyd Vivian Filson, eds. *The Westminster Historical Atlas to the Bible* (Filadelfia, The Westminster Press, 1945), pp. 75, 76.

[3] Josefo, *op. cit.*, p. 582.

5

La Crisis en Desarrollo: Damasco, Antioquía y Más Allá

Hechos 9:1-31; 11:19—14:28

La muerte de Esteban parece haber resuelto las posibles diferencias dentro de la iglesia. Los líderes deben haber pensado que Pedro era impulsivo, pero su expansión hacia los gentiles como Cornelio podía ser controlada. Consideraban que Bernabé era pura compasión; se podía esperar de él que diera base para la paz. La única nube en el horizonte de la paz interior de la iglesia era Saulo de Tarso, el nuevo convertido. ¿Cómo podía afectar a la iglesia esta conversión?

1. La conversión de Saulo (9:1-31)

De acuerdo a la historia tal como está registrada, es claro que Saulo era un judío helenista. La ciudad de Tarso era un centro grande y cosmopolita, situado en las rutas de mayor movimiento. Su población llegaba a los 500.000. Un judío en una ciudad así debería tener un continuo desafío para su capacidad mental y moral. Es claro, según el registro del Nuevo Testamento, que Saulo fue despertado por sus contactos con la cultura griega.

Como judío helenista era bilingüe. Estaban a su alcance todos los recursos de la literatura griega, pero parece haber invertido la mayor parte de su estudio en la traducción griega de las Escrituras hebreas. También era fariseo. Su capacitación bajo Gamaliel en Jerusalén le proporcionó una magnífica oportunidad para conocer a fondo el judaísmo.

Otra ventaja de la que disfrutaba Saulo era su ciudadanía romana, que le permitía cierto grado de seguridad, así como libertad de movimientos por todo el imperio. La ciudadanía romana era una ventaja valiosa, y muchos la pagaban a un alto precio. Saulo nació ciudadano y este hecho subraya la importancia de su fondo familiar, sobre el cual ciertamente se sabe poco.

Saulo el perseguidor (9:1, 2)

Saulo es descrito como "respirando aún amenazas y muerte contra los discípulos del Señor" (9:1). La intensidad con que aceptó el desafío de la iglesia está sugerido en esta frase. ¿Por qué adoptaría esa actitud el capaz fariseo? Aunque había estado presente en el apedreamiento de Esteban (7:58), parece haber asumido un papel pasivo. Casi inmediatamente después, sin embargo, se volvió activo en la persecución. Sabemos que tuvo mucho celo en el tiempo en que los creyentes se esparcieron desde Jerusalén (ver 8:1; 9:1).

Se han presentado muchas teorías interesantes para explicar los feroces ataques de Saulo. Una teoría sugiere la frustración de Pablo con la justicia legalista, una frustración que le llevó a la confusión profunda.[1] No se trataba de que el Mesías no hubiera venido. Más bien, el problema era que había venido para el tipo equivocado de gente. Los judíos esperaban al Mesías y Saulo podía aceptar eso. Sin embargo, suponer que el Mesías había venido para gente como Pedro y Juan —la gente común del judaísmo— era más de lo que su estómago podía soportar. Si hubiera venido a los fariseos, Pablo podría haber aceptado a Jesús. La declaración de que el Mesías había venido para los que estaban al margen de la ley, por el otro lado, era increíble. No sólo era increíble: era enloquecedora.

"Sería sorprendente que un hombre así adoptara una neutralidad cautelosamente balanceada, como quizá lo hizo su maestro Gamaliel (Hechos 5:34), frente al movimiento cristiano que estaba surgiendo de diferentes círculos sociales: Pablo debía tomar una posición; lo hizo y se transformó en perseguidor de los cristianos."[2] Algunos de los fariseos tendían a la posición de los celotes, y buscaban activamente un absoluto cumplimiento de la ley judía. El sobrino de Saulo estaba bastante cerca de un grupo de celotes que tramaban un plan contra la vida de Saulo (23:12-16). ¿Es posible que esa influencia estuviera afectada por esa ala del farisaísmo?

Muchos de los miembros de la iglesia de Jerusalén habían huido de la ciudad luego del apedreamiento de Esteban (8:4; 9:31). Lucas escribió esta dispersión en el informe sobre la extensión de Felipe.

Lucas también mencionó que los chipriotas y cirenios dispersos en Antioquía presentaron libremente el evangelio a los gentiles (11:20). Aunque no era un helenista, Simón Pedro también puede haber sido un blanco para los judíos más celosos.

Saulo participó en la persecución de la iglesia de Jerusalén (8:3). Cuando esa persecución decayó (9:1, 2), dio otros pasos para eliminar el movimiento en todas partes. Damasco tenía una gran población judía y era el refugio natural para los miembros de la iglesia que dejaban Jerusalén. Aunque el sumo sacerdote no tenía poder político en Damasco, su influencia era grande. Las cartas que se le dieron por parte de los líderes de la sinagoga judía aseguraban la cooperación para sus deseos. Aun aquellos que estaban al margen del judaísmo respetarían una orden del sumo sacerdote. Por lo tanto, "respirando aún amenazas y muerte" (9:1), Saulo se proveyó de esas cartas para su viaje a Damasco.

Transformación (9:3-9)

Entre los varios relatos del Nuevo Testamento en relación con la conversión de Saulo, ninguno tiene más fuerza que la simple declara ción de su carta a las iglesias de Galacia: "Solamente oían decir: Aquel que en otro tiempo nos perseguía, ahora predica la fe que en otro tiempo asolaba" (Gál. 1:23). Para suplementar el relato de Lucas sobre esa conversión en Hechos 9, tenemos los testimonios de Hechos 22:3-21 y Hechos 26:9-18. También está la clara declaración en 1 Corintios 15:8: "Se me apareció". Hay algunos aspectos únicos en cada relato, pero hay un acuerdo básico.

Saulo estaba viajando hacia Damasco, dedicado a arrestar a los miembros de la iglesia. Hacia mediodía (Hechos 22:6; 26:13), una luz brillante le echó a tierra y oyó una voz que decía: "Saulo, Saulo, ¿por qué me persigues?" (9:4; 22:7; 26:14). Aquellos que estaban con él oyeron el sonido, pero no lo comprendieron (9:7). Saulo sabía que era Jesús que le hablaba; esa convicción nunca se debilitó. Saulo vio al Señor y también se dirigió a él.

Sólo en la defensa ante Agripa se hace referencia al "aguijón" (26:14) o "espolones". Pero ésta es una mirada incisiva a la experiencia de la conversión. Los espolones eran usados por los cuidadores de ganado, como ser de bueyes, para empujarlos a caminar. Dar coces con esos agudos espolones era una experiencia dolorosa. No podemos saber por cuánto tiempo Saulo había estado haciéndolo; pero la experiencia le había llevado a un enloquecido ataque contra la iglesia cristiana. Ciertamente su creciente sentido del fracaso del judaísmo, incluyendo su propia frustración con la ley, le había llevado a la celosa persecución. No obstante, aquello debe haber hecho doler su propio sensible corazón al ver la desesperanza de todo el asunto.

Los relatos del ministerio de Jesús deben haber espoleado a Saulo. La compasión de Jesús era innegable y sus enseñanzas ciertamente deben haber provocado el pensamiento de Pablo. Debe haber sentido dolor de que alguien así fuese crucificado por los romanos por la incitación de líderes judíos. Bajo una enceguecedora luz, Saulo vio con clara visión espiritual: ¡Jesús estaba vivo! El podía abandonar su dolorosa lucha contra un Mesías increíble.

Muchos de los cristianos a quienes Saulo arrestó reaccionaron como lo había hecho Esteban: con una oración pidiendo perdón. Estas experiencias también podrían haber llevado a Saulo hacia la vida cristiana. ¿Cómo se ataca la herejía de un hombre bueno que ora por uno mientras se le plantea un violento desacuerdo? No se sabe cuántos realmente trataron de persuadir a Saulo de que aceptara a Jesús, pero muchos estaban dispuestos a ser arrestados por su fe. Su valor era evidencia de su seguridad cristiana.

La muerte de Esteban sirvió como un doloroso aguijón. Saulo había sido testigo de su apedreamiento. Debe haber oído el poderoso testimonio de Esteban. Su lógica era sana. La muerte de Esteban no detuvo el incesante avance de la verdad de Dios contra las defensas de Saulo. La forma de morir de Esteban recalcaba la verdad evangélica que había proclamado y por la cual había vivido y muerto. Ciertamente era duro para Pablo golpear contra el aguijón.

La aparición a Saulo fue, de acuerdo al propio relato del Apóstol, un acto de la gracia de Dios, especialmente designado para él. La experiencia era intensamente personal. La ceguera que vino luego permitió a Saulo varios días de profunda búsqueda interior sobre el significado de su visión. Toda su vida previa y todo su firme legalismo se derrumbaron. Su ministerio había sido reinvindicado por Dios mismo. Pasó un tiempo antes de que pudiera comprender todo el significado de la cruz; sus ideas actuales necesitaban ser revisadas. Sin embargo, en el momento se rindió conscientemente al amor divino, su ojo interior captó la visión de un mundo entero -tanto judíos como gentiles- que necesitaban de ese amor.

Un testigo involuntario (9:10-19)

¿Quién hubiera oído de Ananías salvo por su ministerio a Saulo de Tarso? Se le describe como "un discípulo" (v. 10). Sin embargo, era sensible a la dirección de Dios. Debido a eso sabemos de él.

A Ananías se le dieron indicaciones específicas de que fuera a la calle llamada la Derecha, a la casa de Judas (v. 11). No era posible entender mal las indicaciones. Dios había preparado a Saulo por medio de una visión, tal como estaba preparando a Ananías. Sin embargo, cuando Dios reveló su misión, Ananías estuvo lejos de sentir ansiedad por enfrentar a Saulo de Tarso (vv. 13, 14). El hecho de que Ananías sabía del propósito de Saulo al ir a Damasco indica su valor; se movió para enfrentar la necesidad de Saulo.

La reputación de Saulo era conocida ampliamente, tanto en Damasco como en Jerusalén. Los creyentes temían su persecución. Dios habló a Ananías de la misión de Saulo a los gentiles (9:15), y el noble cristiano dejó claro el punto ante Saulo (22:15). Era central en la misión de Saulo su convicción de que el amor de Dios, así como su soberanía, se extiende al mundo gentil. Después que Ananías hubo testificado a Saulo, la visión de éste fue restaurada. Con la promesa del Espíritu Santo se levantó y fue bautizado. Tanto Ananías como Saulo deben haber quedado impresionados por la evolución de los hechos.

Ministerio en Damasco (9:19-25)

El orden de los hechos después del bautismo de Saulo no es claro (Ver 9:19-30; 22:17-21; 26:19, 20; Gál. 1:15-21). El propio relato de Pablo ha sido preservado en Gálatas, donde el apóstol escribió: "He aquí delante de Dios que no miento" (Gál. 1:20). Allí Pablo indica que su ministerio inmediatamente después de la conversión fue en Arabia y Damasco. "Arabia" puede referirse a dos lugares, la región o la ciudad. El significado no es claro. Damasco siempre había gozado la posición de una ciudad semi-independiente bajo el emperador. En el tiempo de la conversión de Saulo, un arreglo entre Tiberio, el emperador de Roma, y Aretas, el rey de Arabia, parece haber colocado la ciudad bajo la protección de Aretas. Es importante notar que Arabia era un gran reino del desierto, limitado al norte por el río Eufrates, al este por el golfo Pérsico, al sur por el océano Indico y al oeste por el mar Rojo. Aunque es atractivo atribuir a Saulo un largo viaje al Sinaí después de su conversión, como hacen algunos estudiosos, pudo haber estado en Arabia cruzando la puerta de Damasco.

Por supuesto, él usó su tiempo sabiamente en la meditación, así como en el testimonio activo. El relato de Gálatas señala que este período se extendió por tres años. Saulo predicó en muchas de las sinagogas de Damasco. Como resultado, fue objeto de mucha discusión: ¡un perseguidor de Cristo se había transformado en predicador de Cristo!

Su mensaje en Damasco parece haberse centrado en Jesús, tanto como Hijo de Dios y como Mesías. Esta fuerte convicción era central para su experiencia de conversión. De una manera única, Jesús estaba relacionado con Dios. De una manera única también, Jesús estaba relacionado con el hombre. El siguiente paso para Pablo fue su insistencia de que Jesús como Mesías estaba relacionado con todos los hombres y no sólo con los judíos. La oposición en Damasco puede haberse desarrollado cuando él proclamaba esto.

La oposición de los judíos al ministerio de Pablo habría de repetirse muchas veces en los años por venir. Cuando los judíos damascenos se complotaron para matarlo, el se enteró y pudo escapar. Una breve referencia al hecho aparece en 2 Corintios 11:32, 33, donde se encuentra una lista de sus sufrimientos por el evangelio. Aparentemente esta partida brusca e indigna por las murallas fue perturbadora para Saulo, quien es llamado Pablo a partir de Hechos 13:9, en Pafos. Aretas IV era rey y ejercía su soberanía más allá de Damasco. El puede haber tenido interés en conceder el pedido hecho por algunos de los judíos de Damasco, de que el "renegado" Saulo fuera detenido. Sus hombres vigilaban la puerta de la ciudad cuidadosamente, con lo cual encerraban a Pablo (v. 25). La proclamación de que Jesús era el Hijo de Dios y la prueba de que él era el Mesías era demasiado para los judíos damascenos.

Ministerio en Jerusalén (9:26-31)

Finalmente (Gál. 1:18-20), Saulo fue a Jerusalén. Allí trató de reunirse con los discípulos, pero éstos demostraron ser menos receptivos con el antiguo perseguidor. Sólo con la ayuda de Bernabé, Saulo fue recibido por la iglesia. Bernabé dio fe de la conversión de Saulo y su ministerio en Damasco. Antes de que Saulo llegara debe haber llegado alguna información de ese ministerio, ya que, según el pasaje de Gálatas, él había trabajado en Galacia por tres años.

Saulo se unió al grupo de cristianos en Jerusalén. Así como había predicado "valerosamente en el nombre de Jesús" en Damasco (9:27), predicó también en Jerusalén (9:28, 29). Aparentemente surgió una oposición a esta valiente predicación cuando comenzó a disputar con los judíos de habla griega. Eran helenistas y Saulo mismo lo era también. Su fondo de Tarso, reforzado por su capacitación farisaica y subrayado por la aparición de Jesús, hacían de Saulo un temido enemigo para un debate. Cuando los judíos griegos perdieron la discusión con Esteban, lo apedrearon. Cuando la perdieron con Pablo, trataron de matarlo (v. 29). Sus amigos le llevaron a Cesarea y volvió a Tarso (v. 30).

Este período de quince días (Gál. 1:18) en Jerusalén debe haber sido de gran valor para Saulo. Tuvo la oportunidad de una fraternidad estrecha con sus líderes: Simón Pedro y Jacobo, el hermano de Jesús. Quizá Saulo haya aprendido de Simón Pedro detalles del ministerio de Jesús que sólo conocían los doce. Puede haber aprendido de Jacobo detalles de la vida familiar de Jesús, conocidos sólo por los miembros de la familia. Sin embargo, más tarde Pablo dejó claro que la autoridad para su misión entre los gentiles no fue recibida de ellos (ver Gál. 2:5-9). Declaró que su autoridad y evangelio vinieron de Dios.

¿Qué hizo Saulo al volver a Tarso? ¿Se quedó tranquilo los meses que estuvo allí? La Escritura guarda silencio en este punto, salvo la breve referencia de 11:25. Mientras tanto, la iglesia de Jerusalén —sin la perturbación provocada por los judíos griegos, Esteban y Saulo— disfrutaba de paz.[3] Las declaraciones sumarias que se repiten en Hechos (ver 2:43-47; 4:4, 32-35; 5:41; 6:7; 9:31) tienen el propósito de hacer descansar la mente del lector, así como describir el respiro de la iglesia después de situaciones dramáticas. En este tiempo (9:31) el ministerio de la iglesia parece haberse limitado a Judea, Samaria y Galilea. El tiempo estaba listo para alcanzar al mundo más allá.

2. Cristianos gentiles en Antioquía (11:19-30; 12:25)

El centro de la expansión del evangelio se mueve en este punto de Jerusalén a Antioquía de Siria (Hemos relatado la experiencia de Pedro en Cesarea en el capítulo 4). En el establecimiento de este nuevo centro, los líderes de la iglesia pronto se vieron confrontados con un problema básico: ¿es para todos el evangelio cristiano, gentiles así como judíos? La respuesta a esa cuestión y su significado para nosotros es una historia excitante y emocionante.

Antioquía era la capital de la provincia de Siria y la principal ciudad del mundo mediterráneo oriental. Como tercera ciudad en tamaño en el imperio atraía muchos intereses comerciales de una zona amplia. Como los gobernadores de Siria generalmente eran de alta calidad, las relaciones entre judíos y gentiles normalmente eran pacíficas. Muchos de los gentiles, que habían sido atraídos al judaísmo, llegaron a ser prosélitos.

Un mártir y testigo (11:19-21)

Los hechos descritos en Antioquía vuelven atrás a un tiempo poco después de la muerte de Esteban. Las noticias de los hechos de Antioquía igualmente llegaron a Jerusalén poco después de la partida de Saulo para Tarso. Además de Felipe, otros fueron esparcidos por la persecución que siguió al martirio de Esteban (8:1-5). Los judíos vivían en muchas zonas cercanas. Los creyentes, al viajar tan lejos como Fenicia y Chipre, compartieron el evangelio con estos judíos. Algunos quizá, en su camino a Chipre, predicaron también a los gentiles (11:20).[4]

De ese modo, el martirio de Esteban produjo una extensión de las buenas nuevas. Los gentiles, por primera vez, fueron invitados abiertamente a aceptar el evangelio y creer en el Señor Jesús. Estos gentiles, sin duda, habían sido cultivados por el judaísmo, y muchos habían estado a punto de llegar a ser prosélitos. En otras ciudades, esta aparente competencia por lograr conversos gentiles por parte de judíos y cristianos produjo crisis. En Antioquía, por el otro lado, las relaciones entre judíos y gentiles eran particularmente buenas. La misión claramente carecía de autorización; no se dan nombres de quiénes fueron los primeros en predicar allí. El grupo judío-gentil resultante gozaba de fraternidad con mucha naturalidad y es probable que no rompió violentamente con la sinagoga.

Una iglesia en Antioquía (11:22-28)

Llegó a Jerusalén la información de la conversión de los gentiles en Antioquía. Previamente, una nueva congregación en Samaria había recibido una provechosa visita de Pedro y Juan (8:14). Basándose en ese precedente, Bernabé, que tenía buena reputación en la iglesia de Jerusalén (4:36, 37) fue enviado a Antioquía (11:22). La misión era una acción diplomática y no una disciplina oficial.

Así como Pedro había reaccionado calurosamente a los gentiles en la casa de Cornelio, respondió también Bernabé a los gentiles de Antioquía. Vio lo que el Señor había hecho y no esperó para compartir su atractiva y abierta fraternidad. Al leer estos capítulos de Hechos, uno puede volverse crítico para con la iglesia de Jerusalén. Sin embargo, debe mantenerse en mente el hecho de que Bernabé era su representante. La iglesia de Jerusalén está envuelta en este ministerio a los gentiles por medio del trabajo de Bernabé.

Bajo el ministerio inicial de Bernabé la iglesia creció. Pensando en posibles ayudantes, Bernabé recordó a Saulo de Tarso, el joven a quien había patrocinado en la iglesia de Jerusalén algunos meses antes. Tarso estaba cerca de Antioquía y Bernabé llevó allí a Saulo. Durante un año trabajaron juntos, disfrutando de la fraternidad de judíos y gentiles por igual. Una breve referencia en la carta de Pablo a los Gálatas (2:12) indica que Bernabé y Saulo comieron con los gentiles como cosa común.

Una de las cosas por las cuales Antioquía es conocida es porque la palabra "cristiano" fue usada allí por primera vez con relación a los creyentes de aquella ciudad. Por respeto al nombre de Cristo, los creyentes mismos difícilmente hubieran adoptado ese nombre. Los judíos de Antioquía no hubieran profanado el nombre del Mesías. El sobrenombre puede haber surgido de la murmuración local: esa gente que está siempre hablando sobre Cristo. La palabra griega para "Cristo" frecuentemente era confundida con una palabra que significa "útil". ¿Acaso el público de Antioquía habrá creado una palabra para aquella buena gente?[5] La descripción de los creyentes de Antioquía, que se encuentra en el versículo 26, sirve como resumen y declaración sumaria, y como preludio a los próximos acontecimientos.

Un llamamiento misionero (11:27-30; 12:25)

La iglesia primitiva, como ciertos grupos judíos, siempre estaba abierta a la palabra profética. Los profetas del antiguo Israel eran muy respetados en el judaísmo. A la iglesia judeo-gentil de Antioquía vino Agabo en compañía de otros profetas. El temor al hambre siempre era real y mortal en Judea. El mal tiempo o aun la falta de deseo de plantar por parte de los campesinos por una difícil situación política, podría ser la causa de una pobre cosecha. Agabo predijo un hambre en todo el mundo conocido. La fecha exacta de esa hambre es desconocida, aunque hay referencias a un caso muy serio en ese tiempo. Una posible referencia a esa hambre puede ser encontrada en el relato del último discurso de Herodes (12:20).

Se sabe de otros que ayudaron a Jerusalén en condiciones de hambre. Algunas donaciones probablemente ayudaron tanto a los cristianos como a los no cristianos. El espíritu generoso de la iglesia de

Antioquía puede verse en su pronta respuesta: alguno estaba en necesidad; ellos mandaron ayuda por medio de sus líderes. La palabra traducida "socorro" (v. 29) puede ser traducida más claramente como "ministerio".

En el relato de los Hechos aparece poco en cuanto a la visita del grupo de Antioquía a Jerusalén (11:27-29). El socorro fue dado a los líderes de la congregación de Jerusalén. Hechos cuenta entonces del arresto de Pedro y la muerte de Herodes (12:1-24), después de lo cual se describe el regreso de Bernabé y Saulo (12:25). El detalle adicional concerniente a Juan Marcos (12:12) prepara al lector para la misión a la provincia de Galacia (13 y 14).

Sin embargo, en la carta a los Gálatas hay algunos detalles adicionales que pueden corresponder a esta visita, a veces llamada la "visita del hambre" (Gál. 2:1-10; Hechos 11:27-29). Si la visita del hambre es la que aparece en Gálatas 2:1-10, puede ser explicada la presencia de Tito, un gentil que nunca es mencionado en el libro de Hechos. Su presencia era en interés de la misión a los gentiles. La iglesia de Antioquía ofreció un claro ejemplo de conversión de gentiles; su ofrenda para la iglesia de Jerusalén durante el hambre ofreció un claro ejemplo de fraternidad gentil. ¿Podían emprenderse otras misiones a los gentiles con la cooperación de la iglesia de Jerusalén? Esta visita puede haber sido la primera oportunidad de Bernabé para informar a la iglesia de Jerusalén sobre el trabajo que estaba siendo hecho en Antioquía.

¿Se relaciona con Gálatas 2:9, 10 el relato de Hechos 13 y 14? No lo sabemos. Pero si es así, entonces da la base para la misión a los gentiles desde Antioquía. Tal misión era posible en la medida en que no interrumpía la fraternidad. Jacobo, Juan y Pedro, con su centro en Jerusalén, habrían de ir a los judíos. Bernabé y Saulo, con su centro en Antioquía, continuarían su trabajo entre los gentiles. Tendrían cuidado de recordar a los pobres de Jerusalén.

Juan Marcos se unió a Bernabé y Saulo en la iglesia de Antioquía (12:25). Como resultado de la necesidad de Judea, se había desarrollado una clara expresión de fraternidad entre judíos y gentiles. ¿Podía continuar esta fraternidad en el evangelio? ¿Cuánta presión podría soportar?

3. Misión desde Antioquía (13:1—14:28)

Si, como parece lógico, la visita a Jerusalén para llevar el socorro, dio una oportunidad para una discusión del ministerio propuesto al mundo gentil, la iglesia de Antioquía estaba muy interesada en las conclusiones. Cualquier expansión más allá de Antioquía debía estar limitada a los judíos o incluir a los gentiles. La iglesia de Antioquía favorecía una misión para incluir a los gentiles. ¿En qué dirección iría la misión?

El capítulo 13 comienza con una lista de los líderes espirituales de la iglesia, "profetas y maestros" (v. 1). ¿Era este grupo el que más se preocupaba por la dirección de la misión de la iglesia de Antioquía? Se sabe poco de estos líderes. Sólo Bernabé y Saulo son nombrados claramente en cualquier parte del Nuevo Testamento.[6] El hecho de que Simón fuera llamado "Niger" (13:1) puede indicar que era negro. Lucio también venía del Africa. Manaén tiene particular interés por su relación con la familia de Herodes, lo que indica la naturaleza cosmopolita de la conducción de la iglesia. Estos hombres, profetas y maestros, escucharon el Espíritu Santo que hablaba mientras estaban ministrando y ayunando. El llamado de Bernabé y Saulo lanzó a la iglesia a una misión de responsabilidad. Al orar y poner las manos sobre ellos, la iglesia aceptó esa responsabilidad por su misión, ¡La iglesia de Antioquía estaba en una nueva aventura con el evangelio!

Bernabé y Pablo en Chipre (13:4-13)

Es claro que Bernabé, un judío chipriota (4:36) guió a Saulo y Juan Marcos al comienzo de la misión. Era lógico que el evangelio fuera llevado a Chipre, porque era la tierra natal de Bernabé. En su mayor parte, la predicación estuvo limitada a las sinagogas. La misión comenzó como judía en un territorio gentil.

Juan Marcos es descrito como "ayudante" (v. 5). La palabra traducida así tiene un significado más profundo que el de un mero asistente. Entre sus usos en el Nuevo Testamento figura el de un ayudante en la sinagoga que tenía la responsabilidad de guardar los rollos (Lucas 4:20). Este ayudante era un tipo de empleado, que también enseñaba en la escuela de la sinagoga. La enseñanza consistía primordialmente en el aprendizaje de memoria de pasajes de las Escrituras. Ciertamente Bernabé y Saulo no necesitaban llevar modernos ayudantes para las sinagogas que visitaban. Los deberes de Juan Marcos deben haber consistido en enseñar los hechos básicos del ministerio del Señor y las palabras de su enseñanza. Si es así, debe haber recitado repetidamente las enseñanzas de Cristo. Mientras lo hacía, quedaron fijas más y más en su propia mente. La tradición sostiene que este rudo trabajo de memoria debe haber sido muy útil para la redacción de su evangelio. Además, Juan Marcos era el intérprete de Pedro. Como supone la tradición, gran parte de las reminiscencias personales de Simón Pedro, presentadas ante congregaciones cristianas, deben haber quedado depositadas en la memoria de Marcos.[7]

Del otro lado de la isla el procónsul Sergio Paulo convocó a Bernabé y Saulo para poder oír la palabra de Dios. Como esto marcaba la primera aparición de predicadores cristianos ante un gobernante romano, Lucas registró el hecho. Apareció un adversario en la persona de un seudo-profeta llamado Barjesús. Quizá el procónsul se haya burlado de él, notando que el evangelio competía con sus enseñanzas, negando sus verdades. Saulo lo denunció, aun como Pedro había denunciado a Simón el mago. El paralelo debe haber sido claro para Lucas, que frecuentemente comparaba el ministerio de Pedro y de Pablo.

Ante el procónsul de Chipre, el evangelio fue reivindicado por la ceguera que cayó sobre Elimas (vv. 10-12). El oficial romano llegó a ser creyente. Todos estos hechos hicieron una profunda impresión en Saulo, cuya misión destinada a los gentiles estaba comenzando a tener sentido.

Pablo y Bernabé en Antioquía de Pisidia (13:14-50)

Un cambio en la dirección es sugerido sutilmente en el uso del nombre de los misioneros. El versículo 9 se refiere a Saulo, "que también es Pablo" (v. 13). Era claro que Pablo había asumido el papel de líder. Este es el cuadro para el resto de la misión. Como Bernabé era el tío de Juan Marcos, éste debe haberse sentido afectado negativamente por el cambio. Puede haberse sentido afectado por el carácter categórico de Pablo. O quizá Juan puede haber captado la ampliación de la misión hacia los gentiles, y haberse sentido incómodo por la nueva dirección de su propio ministerio. Quizá simplemente tenía nostalgia por su casa. Cualquiera que fuera el caso, la desilusión de Pablo con la defección de Juan Marcos fue real; de hecho fue tan real que se negó a llevar a Juan consigo en la segunda misión desde Antioquía (15:38). Pablo y Bernabé pasaron de la isla de Chipre a tierra firme. Yendo a través de las tierras bajas de Panfilia, se lanzaron hacia las tierras altas de la provincia de Galacia.[8] Encontraron amplia oportunidad para predicar el evangelio en Antioquía de Pisidia. Era una ciudad importante, donde había muchos judíos.

Pablo y Bernabé asistieron regularmente a los servicios de la sinagoga. Para las autoridades de la sinagoga era lo más natural ofrecerles una oportunidad de hablar. Eran judíos de visita, y al parecer tenían algo que decir. El sermón registrado en 13:16-47 puede compararse bien con los otros sermones registrados en Hechos, pero también incluye algunos aspectos únicos. Por ejemplo, la defensa de Esteban comparó al Mesías con varios personajes del Antiguo Testamento. Por su parte Pablo vio a todo el Antiguo Testamento como una preparación para Jesús. Esteban hizo hincapié en Moisés como mediador de la revelación de Dios, mientras que Pablo apenas si mencionó a Moisés. En su sermón Pablo dedicó más espacio a Jesús y a los hechos que destacaron su ministerio, que a Esteban. Para ser justos para con Esteban, debe agregarse que su sermón fue cortado antes de lo que él planeaba como conclusión.

La revelación histórica de Dios para su pueblo es tan central para el sermón de Pablo como en el de Pedro en Pentecostés. Es bien claro un énfasis en Israel como nación, elegida, creada y educada por Dios. Canaán llegó a ser lugar de preparación para la venida del Mesías, y David es retratado como el rey escogido, que anticipa el gobierno del Mesías. Juan el Bautista es presentado como el precursor profético. El tema del sermón es Jesús en su pasión y resurrección. Pablo dirigió la atención de sus oyentes en especial a la resurrección, porque éste era el corazón de su experiencia con Jesús.

El sermón puede ser bosquejado simplemente:
1. Dios eligió a nuestros padres (vv. 16-22)
2. Dios confirmó su elección con el don de un Salvador (vv. 23-29)
3. Dios afirmó la salvación del hombre en la resurrección de Jesús (vv. 30-37)
4. Dios hizo que la salvación del hombre dependiera de su fe (vv. 38-41)

Aunque la respuesta de los judíos era cautelosa, invitaron a Pablo a volver el sábado siguiente. La otra semana, muchos judíos hablaron con Pablo. También hablaron con él "prosélitos piadosos" (v. 43). Algunos pueden haber traído a sus amigos gentiles que estaban a punto de aceptar el judaísmo. Estos prosélitos eran gentiles que, atraídos por el monoteísmo judío, sus conceptos éticos y sus esperanzas mesiánicas, habían aceptado las promesas y habían sido recibidos en el judaísmo.

Al sábado siguiente se reunió una gran multitud. Los judíos, movidos de celo por la apelación de Pablo, arguyeron con él y con Bernabé. La apelación del evangelio a los gentiles temerosos de Dios —sus mejores candidatos para la conversión al judaísmo— era el fondo de sus celos. Pablo y Bernabé denunciaron valientemente el egoísmo de los judíos (vv. 46, 47) y apelaron al profeta Isaías para tener apoyo del Antiguo Testamento (ver Is. 49:6). Mucho antes, el profeta había afirmado el interés de Dios en el mundo gentil, un interés que no compartían muchos de los judíos del tiempo de Pablo. Donde existía ese interés —como en Antioquía de Pisidia— resultaba sospechoso. ¿Es que los judíos simplemente estaban buscando apoyo para su sinagoga local?

Con una dramática declaración, Pablo y Bernabé se volvieron a los gentiles (v. 46). Los gentiles de Antioquía de Pisidia se complacieron con el evangelio (v. 48). Las promesas del Antiguo Testamento, que habían parecido atractivas, salvo por las restricciones legalistas que imponían, ahora eran ofrecidas libremente por la gracia de Dios. Muchos creyeron y la palabra se esparció (v. 49).

Debido a que la circuncisión que era requerida repelía a los hombres, el judaísmo siempre había atraído más mujeres que hombres gentiles. Las mujeres devotas al judaísmo fueron alentadas a usar su influencia contra los cristianos. Junto con los hombres dirigentes de la ciudad —quienes probablemente preferían una solución pacífica— "levantaron una persecución contra Pablo y Bernabé y los expulsaron de sus límites" (v. 50). Fieles a las instrucciones de Jesús (Mateo 10:14), ellos simplemente viajaron a la próxima ciudad. Sin embargo, un grupo de creyentes fue establecido en la principal ciudad del sur de Galacia.

Judíos y gentiles en Licaonia (14:1-23)

A pesar del vuelco de los hechos en Antioquía, por el cual Pablo y Bernabé dirigieron su atención a los gentiles, los misioneros comenzaron su trabajo en Iconio en la sinagoga (v. 1). Los judíos estaban mejor preparados que los gentiles para el evangelio, y la estrategia misionera reclamaba una base de operaciones en cada ciudad. Un grupo de creyentes judíos, al descubrir que las profecías mesiánicas se cumplían en Jesús, aportó esa base para la misión paulina en muchas ciudades. En Iconio, como creyeron muchos judíos y gentiles, el evangelio cristiano dividió la ciudad. Las señales y maravillas atrajeron la atención y atestiguaron la verdad de lo predicado. Probablemente, Pablo y Bernabé fueron obligados a salir de la sinagoga como consecuencia de ello. Cuando fueron amenazados con la violencia, se trasladaron a la ciudad siguiente (v. 6).

El ministerio de Pablo y Bernabé en Listra es único en la variedad de respuestas que recibió. El conciso relato de Lucas puede hacer parecer que esas fueron respuestas fáciles, de modo que hemos de mirar la historia con cierto detalle.

La curación del cojo de Listra no fue diferente de la del cojo de Jerusalén bajo el ministerio de Pedro y Juan (3:1-10). La descripción que hace Lucas de la condición de este hombre es muy convincente. En una triple declaración, subraya su invalidez: "Imposibilitado de los pies, cojo de nacimiento, que jamás había andado" (v. 8). La descripción de este médico es muy definida.

Cuando Pablo comprendió que la fe del hombre era lo suficientemente fuerte como para responder a la gracia sanadora de Dios, habló con autoridad: "Levántate derecho" (v. 10). En contraste con Jerusalén, donde la multitud se reunió en la zona del templo, el lugar de reunión de Listra fue la calle. La gente gritaba aclamaciones en su lengua licaónica nativa al ver la curación del hombre. (Aunque era parte de la provincia de Galacia, la región mantenía cierto grado de su antigua identidad). Pablo y Bernabé no los entendieron al principio. Ahora, como entonces, el idioma puede ser una barrera. Aquellos que han traducido la Biblia con amor y paciencia, o han interpretado un mensaje del evangelio, pueden entender el problema de Listra.

La intención de la multitud puede ser entendida a la luz de una de las leyendas de Listra. Ellos creían que los dioses griegos Zeus y Hermes habían visitado a una pareja de ancianos, Filemón y Baucis. Esta historia daba mucha significación al milagro, porque para el pueblo parecía claro que Zeus y Hermes habían vuelto (En nuestra traducción hay una interesante confusión de la mitología griega por la romana: Júpiter es la contraparte romana de Zeus y Mercurio de Hermes). ¡Qué desafío para el evangelio! ¡En una población rural, dos predicadores estaban a punto de ser adorados porque Dios había sanado a un cojo que había tenido fe![9]

Pablo y Bernabé se horrorizaron cuando supieron que el pueblo y sus sacerdotes los confundían con dioses. ¡Pero a la vez la identificación sugiere que esa era la forma en que el pueblo esperaba que actuaran los dioses! Por lo menos, la situación ofrecía la oportunidad para un mensaje del evangelio. La gente había sido arrancada de los lugares comunes; estaban listos para una simple presentación del evangelio.

Como es característico de estos primeros sermones, este es adecuado tanto al orador como a la situación. Las palabras de Pablo retratan a Dios el Creador y Sostenedor de la vida (vv. 15-17). Quizá un tiempo más largo hubiera permitido que Pablo desarrollara el concepto de la revelación natural en términos de la revelación especial de Dios en Jesucristo.

Los judíos de Antioquía e Iconio provocaron a la multitud contra Pablo y Bernabé. Frustrados por su incapacidad de adorar, y avergonzados por su mala interpretación del milagro, la gente de Listra estaba madura para el tumulto. Algunos sentían que habían sido engañados; en su ira apedrearon a Pablo. Sin embargo, él estaba hecho de material fuerte. Aunque golpeado y herido, siguió a Derbe al día siguiente.

No se dan detalles sobre Derbe (vv. 20, 21), aunque la zona —Derbe y Listra— es citada como tierra natal de Timoteo (16:1). Pablo y Bernabé tuvieron un ministerio fructífero en Derbe (v. 21). Hubiera sido fácil para aquellos predicadores volver a través de Cilicia, incluyendo a Tarso, hasta regresar a Antioquía de Siria. Pablo podría haber continuado su ministerio previo en la zona conocida de Tarso. Sin embargo, rehicieron sus pasos a través de las ciudades gálatas, fortaleciendo en su fe a los nuevos creyentes. Nombraron ancianos (v. 23), que tenían funciones similares a las de las sinagogas judías (Un funcionario similar puede haber existido en los grupos religiosos paganos.)

Pablo había sufrido de un impedimento físico en este viaje por Galacia (Gál. 4:13-24). W. H. Ramsey piensa que la "espina en la carne" de Pablo (2 Cor. 12:7) era malaria. Se había recobrado lo suficiente en la época de su retorno como para predicar en las tierras bajas de Perge. De allí fueron a Atalia y se embarcaron entonces rumbo a Antioquía. De vuelta al fin a su casa, informaron de su ministerio entre los gentiles.

5. *Verdad para hoy*
Dios usa a la gente de acuerdo a sus dones. En los sucesos de este capítulo se destaca el enfrentamiento entre Bernabé y Pablo. Sin

embargo, Dios los usó a ambos. Juan Marcos, diferente de los otros, fue usado de una manera aun diferente. La verdad que nosotros aprendemos de las vidas de estos hombres es que Dios puede usarnos a cada uno. Nuestras diversas capacidades y experiencias se complementan la una con la otra.

Hay muchas influencias y personas envueltas en la conversión de una persona. La experiencia de Pablo en el camino a Damasco es un ejemplo adecuado. A primera vista, parece haber llegado a Cristo sin ayuda ajena. Sin embargo, el examen de los hechos nos presenta varias influencias: la vida de Esteban y su oración; el testimonio de los cristianos desconocidos que eran arrestados por Saulo; el poder de la enseñanza y vida de Cristo. Todo ello tuvo una parte en la transformación de Saulo el fariseo en Pablo el cristiano.

Una persona puede ser ayudada en la vida cristiana por el interés de otra. Hubiera sido fácil para Bernabé rechazar a Saulo como lo hicieron los demás. Sin embargo, él creyó en la sinceridad de Saulo. Bernabé nos enseña que debemos a los demás nuestro interés y confianza.

El amor de Dios no es contenible. No hay barrera racial, nacional o religiosa que impida que Dios extienda su gracia a los hombres. ¿Deben los hombres levantar barreras de ese tipo en una fraternidad cristiana?

Un ministerio a las necesidades físicas de otros puede tener resultados espirituales. Los cristianos de Antioquía ministraron a los cristianos de Jerusalén cuando estaban en necesidad. Hablar a una persona hambrienta sobre el pan de vida espiritual sin darle pan para su hambre física puede alejarle de Cristo. Solucionar las necesidades físicas en el nombre y espíritu de Cristo a menudo abre el camino para la palabra espiritual.

Debemos adorar a Dios y no a los hombres. Pablo y Bernabé fueron confundidos con dioses paganos y estuvieron a punto de ser adorados. Su ejemplo al rechazar esa adoración nos enseña a evitar caer en la aceptación de parte de los hombres, y la entrega a los hombres de aquello que sólo corresponde a Dios. Los testigos de Cristo deben esconderse en Cristo.

¹ James S. Stewart, *A Man in Christ* (Nueva York, Harper and Brothers, 1935), p. 97.

² Martin Dibelius, *Paul* (Filadelfia, The Westminster Press, 1953, p. 45).

³ Los acontecimientos políticos pueden tener algo que ver con esta paz. Aproximadamente en este tiempo el emperador Calígula planteó una seria amenaza al judaísmo, con su declarada intención de colocar una estatua de sí mismo en el templo de Jerusalén. Desde la muerte de Tiberio en el año 37, hasta el asesinato de Calígula en el 41, los judíos tuvieron poco tiempo o fuerza para conducir una persecución intensa contra la iglesia.

⁴ Algunos manuscritos leen aquí "helenistas", en lugar de "griegos" (helenos). La mayoría de los editores textuales modernos han elegido la lectura "helenos". La predicación a los judíos griegos (helenistas) por los helenistas difícilmente habría garantizado la dramática descripción de los hechos en Antioquía.

⁵ Richard Belward Rackham, *The Acts of the Apostles* (Londres, Methuen and Co., Lts., 1939), pp. 169, 170.

⁶ Se cita un "Lucio" en Romanos 16:21 como pariente de Pablo.

⁷ R. O. P. Taylor, *"The Ministry of Mark"*, en *The Groundwork of the Gospels* (Oxford, Basil Blackwell, 1946), pp. 21-30.

⁸ W. H. Ramsay, *St. Paul the Traveller and the Roman Citizen* (Londres, Hodder and Stoughton, 1895), pp. 94-97, ha sugerido que las tierras bajas eran malas para el estado físico de Pablo, y que por eso él habría viajado a zona más saludable. Es Ramsay quien popularizó la teoría de que un problema de malaria era la "espina en la carne" de Pablo.

⁹ *Ibid.*, pp. 114-9. Ramsay aporta interesantes detalles sobre la visita, incluyendo alguna atención a las diferencias textuales relativas a la ubicación del pretendido sacrificio.

¹⁰ *Ibid.*, pp. 94-97.

6

Libertad en Jerusalén

Hechos 11:1-18; 15:1-35

La libertad se gana poco a poco. Por ejemplo, la independencia de los Estados Unidos celebrará sus doscientos años en 1976. La senda de nuestra libertad política ha sido larga y ruda. ¿Dónde comenzó? ¿En el episodio del té en Boston? ¿Con las luchas de los bautistas en el nuevo mundo? ¿O el comienzo estuvo en Amsterdam antes de la partida del viejo mundo? ¿O con la firma de la Carta Magna por parte del rey Juan en el año 1215?

De manera similar, el establecimiento de la libertad espiritual registrado en Hechos 15 tiene raíces profundas. El ministerio de Pedro y Juan entre los samaritanos puede haber sido el comienzo. ¿O fue la presentación libre del evangelio a los samaritanos por parte de Felipe? ¿O la apasionada defensa de Esteban? ¿Dónde comenzó la libertad definida en Hechos 15?

1. Una escaramuza inicial (11:1-18)

El mérito de la libertad no pertenece totalmente a un solo hombre, ni aun a un gran apóstol de la libertad como Pablo. Pedro había alcanzado más allá de los estrechos límites judíos cuando compartió el evangelio con Cornelio (10:1-48). El centurión gentil había respondido con fe y recibido el Espíritu Santo y el bautismo cristiano. No se impuso ninguna pesada carga de legalismo sobre su fe y sobre la fraternidad que disfrutó con Pedro y los otros amigos judíos. No obstante, la historia de Cornelio no termina con Hechos 10, ni el impacto del suceso está confinando a Cesarea.

No se atenuó palabra alguna al regreso de Pedro de Cesarea a Jerusalén. Las fuerzas opositoras hablaron claramente y sin reservas. Pedro había predicado a los gentiles. Estos habían sido bautizados. La información había llegado a la iglesia de Jerusalén. Pedro había sido desafiado por el partido de la circuncisión. Por supuesto, la mayoría, si no todos los miembros de la iglesia de Jerusalén, eran judíos. Sin embargo, algunos judíos cristianos eran más estrictos que otros en cuanto a guardar la ley ceremonial mosaica. Estos judíos más estrictos insistían en que los ritos y regulaciones judías debían ser guardados dentro de la fraternidad cristiana; no podían imaginar una fraternidad con no judíos. Los judíos de esta secta rígida fueron llamados "judaizantes".

Este partido de la circuncisión era una parte de la iglesia. Su descripción aparece repentinamente en Hechos, aunque es claro que existió desde el principio. Por cierto que los seis hombres que acompañaron a Pedro a Cesarea son descritos como hombres de la circuncisión (10:45). Probablemente no eran miembros de un partido divisionista, pero pueden haber sido más legalistas que Pedro. Pedro y Juan habían sido enviados por la iglesia de Jerusalén para aprobar el trabajo entre los samaritanos; ahora Pedro mismo resultaba sospechoso a causa de su visita a la casa de Cornelio. Esta sospecha puede reflejar el pensamiento de la Iglesia, especialmente después de la salida de los helenistas luego de la muerte de Esteban.

Sin embargo, la acusación registrada (v. 3) no fue dirigida contra el hecho de que Pedro compartiera el evangelio con Cornelio. Era mucho más simple: Pedro había estado en la casa de un gentil y había comido con ellos. Esta era la acusación básica. Su acción ofendió a los cristianos judíos que pensaban que la ley de Moisés debía ser observada por todos. Al cruzar la barrera hacia los gentiles, Pedro había erigido una barrera entre los miembros del partido de la circuncisión y él mismo.

¿Qué debe hacerse con una disensión fuerte en la iglesia? ¿Es necesario un acuerdo absoluto para trabajar juntos en la misión de Cristo? ¿Han de dividir a la iglesia algunos asuntos? Si es desafiada la verdad, ¿entonces qué? Tanto la verdad imparcial como el amor sincero deben ser mantenidos en la fraternidad cristiana. Esta creencia estaba en el núcleo del conflicto en Jerusalén.

Una enérgica defensa (11:4-17)

La defensa de Pedro fue simple. Informó sobre su experiencia en Jope con cierto detalle y luego sobre todo lo que ocurrió en su visita a la casa de Cornelio. Resulta muy interesante comparar el relato de Pedro en el capítulo 11:4-17 con los hechos registrados en 10:1-48. Se notará que el énfasis de Pedro estuvo en dos aspectos de la experiencia: (1) cómo el Señor actuó con él (vv. 5-10) y (2) cómo el Espíritu actuó con los gentiles.

La visión espiritual de Pedro, que había precedido el viaje a Cesarea, fue intensamente personal. Sin embargo, el viaje fue hecho en compañía de seis testigos. La acusación contra Pedro era personal: "Has entrado en casa de hombres incircuncisos y has comido con ellos" (v. 3). La defensa de Pedro fue establecida por testigos: "Entramos en casa de un varón" (v. 12).

Allí estaba, aparte de Pedro y los seis testigos, una séptima presencia: el Espíritu Santo. En respuesta a la firme fe en la casa de Cornelio, "cayó el Espíritu Santo sobre ellos también como sobre nosotros al principio" (v. 15). Podría haber una larga discusión sobre los derechos de los gentiles en la iglesia; pero el Espíritu Santo había actuado para confirmar su conversión. Además, había bendecido la fraternidad entre judíos y gentiles.

Pedro y los testigos judíos sin duda aceptaron la sinceridad de Cornelio y sus amigos; por ellos los gentiles fueron bautizados (10:48). La presencia del Espíritu Santo que distinguió al bautismo de Juan de que era "en el nombre de Jesús", fue reconocida por todos (Ver 10:48; 11:16).

Es significativo que Pedro recordó las palabras de Jesús sobre el Espíritu prometido (ver 1:5; 11; 16). ¿Quién podía negar la obra del Espíritu Santo en Cesarea?

Acuerdo temporal (11:18)

Quienes traducen "se quedaron en paz" (v. 18) sugieren que el acuerdo de los judaizantes fue dado con reservas. La más simple traducción de Reina-Valera, "callaron", es mejor. Cuando cesó la oposición, comenzó la alabanza. Los miembros de la iglesia de Jerusalén aceptaron lo que Dios había hecho y creyeron que él era el responsable. Simón no era responsable, de modo que no era cuestión de condenarle. Ellos mismos no eran responsables, de modo que no tenían que mantener sentimientos de culpa.

Cornelio fue considerado una excepción. Después de todo, dos poderosas visiones habían preparado el camino y el Espíritu Santo había venido sobre él y su casa. El hecho había sido visto y aceptado por miembros de la Iglesia. Sin embargo, surgió una cuestión: ¿qué podía traer ese hecho a la imagen de la Iglesia en la sociedad judía? ¿Qué tipo de presiones sociales serían llevadas ahora la Iglesia a causa de que una familia gentil había sido incluída en la misión de Cristo? ¿Se retirarían otros judíos porque Cornelio había sido aceptado? La actitud de los judíos no creyentes hacia los apóstoles presumiblemente sufriría un cambio. Es de interés el hecho de que después de este episodio, Herodes ejecutó a Jacobo y arrestó a Pedro (12:1-3).

Si la división entre judíos creyentes y no creyentes llegó a ser demasiado aguda, ¿cómo afectaría la presión resultante la misión de Pablo y Bernabé a los gentiles? ¿Podría el partido de la circuncisión admitir el ser separado del judaísmo por causa de la misión a los gentiles? ¿Dónde se encuentra la paz en una situación así?

2. El concilio de Jerusalén (15:1-29)

El título generalmente identifica el material de Hechos que es tratado en esta sección. El título está justificado; el concilio de Jerusalén está entre los momentos más significativos de la historia de la iglesia. Lucas lo trata como algo crítico para la vida de la iglesia. Es sorprendente que haya resultado la paz de un conflicto tan agudo. La descripción de Lucas no garantiza que ése sea el molde para una convención denominacional. Era un concilio concertado para tratar con problemas que amenazaban la fraternidad de la creciente iglesia.

Visitantes en Antioquía (15:1-3)

El capítulo se abre con la nueva Iglesia en Antioquía. Los miembros de esa Iglesia habían recibido sólo poco atrás a Pablo y Bernabé de regreso de su muy efectiva misión entre los gentiles de Galacia. Los dos líderes de la iglesia habían ido desde Antioquía con la bendición de la Iglesia y habían vuelto para informar de su misión. No hay evidencia de que alguien en Antioquía cuestionara la salvación de los gentiles por la gracia de Dios, hasta que "algunos que venían de Judea" llegaron allí (v. 1). No son nombrados los que hicieron cuestión.

La definida exigencia de que los gentiles se circuncidaran no era nueva. Durante siglos, el judaísmo había requerido este rito para cualquier converso gentil.[1] El requerimiento que se registra fue dirigido a los cristianos gentiles de la iglesia de Antioquía. Los cristianos gentiles de Galacia pudieron haber sido incluidos, pero el motivo inmediato del conflicto fue Antioquía. La Iglesia en Jerusalén negó responsabilidad alguna por esos visitantes (15:24), aunque representaban la posición de un grupo en la Iglesia, "la secta de los fariseos" (15:5). La acusación contra Pedro por "los de la circuncisión" (11:3) era relativa a su violación de la ley judía tal como ellos la interpretaban. Esta declaración concernía a la salvación de todos los gentiles y creó "la contienda no pequeña" (15:2).

La iglesia de Jerusalén ya había confirmado la salvación de los gentiles, tanto en Cesarea como en Antioquía. Sin embargo, no toda la Iglesia había concordado en esa confirmación. Pablo, Bernabé y otros fueron elegidos para ir a Jerusalén a discutir el asunto con los líderes de la Iglesia. En su camino informaron sobre su misión en Galacia, y los cristianos se alegraron de la conversión de los gentiles.

La recepción en Jerusalén (15:4-7)

La alegría de los que estaban al borde del judaísmo —los fenicios y samaritanos— está en marcado contraste con la angustia de los de Jerusalén. Pablo y Bernabé informaron, quizá con cierto detalle, sobre su misión a los gentiles en Antioquía y Galacia. Luego el informe fue recibido por la Iglesia y sus líderes. Ciertos judaizantes anónimos de la Iglesia echaron el guante. Los gentiles debían ser sujetos a la ley de Moisés. "Es necesario" (15:5).

Pablo mismo era fariseo, pero su fe había llegado a la madurez gracias a su experiencia con los gentiles. Había visto a los gentiles volviéndose a Cristo, y él mismo se había vuelto inconscientemente a los gentiles. Los judaizantes querían preservar lo mejor del judaísmo, así como lo avanzado del cristianismo. Pudieron haber hecho grandes contribuciones a la fe cristiana, aun como lo hizo Pablo, pero no lo hicieron. Aunque ellos eran una parte de la fraternidad cristiana, no se les podía permitir que pervirtieran la verdad del evangelio.

El asunto fue planteado en forma aguda. Por un lado, estaban los legalistas; por el otro, Pablo, Bernabé y Pedro. Los líderes de la iglesia fueron convocados para ver cuál de las dos posiciones podía ser mantenida en la misma fraternidad. Era un buen momento para que funcionara una comisión. Cuándo fue excluida la multitud y cuándo fue incluida no es claro de ninguna manera a partir del relato. La amenaza a la fraternidad fue discutida abiertamente. La comisión no archivó su informe ni intentó esconder todo el asunto bajo la alfombra.

Pedro era el apóstol apropiado para responder a los judaizantes. Sus palabras llevan el halo de la sinceridad, y ciertamente reflejan su propia experiencia. ¿Eran los objetores de Hechos 15 los mismos legalistas que se habían quejado del ministerio de Pedro en Cesarea (11:2, 3)? Era bien conocido cómo Pedro había compartido el evangelio con el gentil Cornelio. Si los requisitos de la ley debían ser impuestos a los gentiles de Antioquía y de Galacia, también debían ser obligados a ello los de Cesarea. Pedro comprendió que la libertad era el tema en juego: la libre respuesta de una persona al evangelio, y su libre fraternidad con todos los cristianos. Si había una amenaza para la libertad en alguna parte, la libertad resultaba amenazada en todas.

La breve explicación de Lucas es notablemente paulina y similar a la defensa de la libertad hecha por Pablo en Antioquía (Gál. 2:11-18). ¿Había discutido Pedro el asunto con Pablo recientemente? Si era así, había aprendido de la experiencia. La ley no debía llegar a ser una carga para los gentiles como lo había llegado a ser para los judíos (Gál. 5:11). Sus requisitos habían sido aliviados por la gracia de Dios en Jesucristo, gracia recibida tanto por los judíos como por los gentiles. Requerir el cumplimiento de la ley era negar la obra redentora de Cristo. Pedro presentó su criterio con claridad y energía.

Bernabé y Pablo ante la Iglesia (15:12, 13)

Pablo y Bernabé habían informado antes a los apóstoles y ancianos (v. 4), y quizá a algunas personas de la Iglesia. Pero al continuar la discusión, la multitud se hizo cada vez mayor. Pablo y Bernabé aprovechaban cualquier oportunidad para hablar de su misión. Bernabé había sido el representante oficial de Jerusalén en Antioquía, y muchos estaban interesados en su informe. Recordaban su generosa ofrenda algunos años antes. Su reputación en la Iglesia reclamaba respeto. Pablo era más independiente de !a Iglesia de Jerusalén; sin embargo, muchos podían recordar su dramática conversión. A través de la ofrenda de la Iglesia de Antioquía, tanto Pablo como Bernabé habían ministrado para las víctimas del hambre en Jerusalén (11:27-30).

La multitud oyó lo que Dios había hecho entre los gentiles. Tenían conciencia de la obra de Dios en su propio medio; pero estaban contentos de oír lo que Dios había hecho entre gentes como ellos. Los informes silenciaron a los judaizantes. La multitud había sido ganada para simpatizar con la misión a los gentiles. Ninguna discusión podía disminuir el impacto de los informes. La dirección de la iglesia había hecho su trabajo con sensibilidad y visión.

La recomendación del presidente (15:13-21)

Parecería que Jacobo hubiera asumido el papel de líder de la Iglesia, hecho que puede estar implícito en el pedido de Simón Pedro (12:17) después que fue liberado de la prisión. Jacobo era reconocido como líder, por lo menos por dos razones: su relación física con Jesús, y su identidad con la posición judía entre los primeros cristianos. Era altamente apreciado entre los judíos por su piedad y su lealtad a las tradiciones, y personificaba sus puntos de vista. Aun su referencia a Pedro como "Simón" —el nombre judío del apóstol (v. 14)— refleja el círculo con el cual estaba identificado. No se hace referencia a Pablo y Bernabé en el resumen de Jacobo.

La declaración de Jacobo fue claramente planeada para la situación. Las convicciones de aquellos que insistían en la circuncisión de los gentiles exigía este discurso. Aquellos que representaban las raíces judías de la iglesia no debían ser cortados. Jacobo habló a aquella audiencia y enfrentó sus necesidades básicas. Pero Dios había llamado a los gentiles para ser su pueblo. Jacobo interpretó estos acontecimientos como un cumplimiento de la profecía (vv. 16-18). Su pensamiento, sin duda, tenía una apelación a los miembros del partido judío.

Jacobo usó la traducción griega de Amós (9:11, 12) o Lucas, por su parte, usó el griego para hacer constar las indicaciones de Jacobo. Como la versión hebrea enfatiza el dominio de los judíos sobre todos los gentiles —un antiguo sueño judío— probablemente Jacobo citó deliberadamente el texto griego. La traducción griega, con su énfasis en la apelación universal de Dios a todas las gentes, estaba más cerca de los hechos de la misión a los gentiles. Jacobo escogió el último concepto y probablemente usó la versión griega del pasaje de Amós para fundamentarlo.

Jacobo sugirió un compromiso del cual debe tomar nota el lector. Es importante recordar que Pablo debía ser el intérprete de este compromiso ante los gentiles. Jacobo lo sabía. Sentía que podía contar con la corrección de Pablo. La sugestión de Jacobo era doble: (1) los gentiles se abstendrían de idolatría, prácticas idolátricas e inmoralidad sexual; (2) tendrían respeto por aquellos judíos que siguieron fieles a Moisés (vv. 19-21). Estos eran los requisitos que el judaísmo también imponía a los gentiles temerosos de Dios que deseaban someterse a la circuncisión.

¿Hay algo inadecuado en el requisito de que los gentiles concedieran algunos puntos en bien de la fraternidad? La posición de los judíos había resultado ser flexible. El espíritu de compromiso requería que se diera algo por ambas partes. ¿Qué tenían que perder los gentiles en tal compromiso? Observarían la ley sólo en sus demandas básicas morales y espirituales. ¿Qué tenían que perder los miembros del partido judío? Permitirían la obra de Dios entre los gentiles. Eso no era una pérdida: era una ganancia.

Téngase en cuenta lo estrechamente que estaba identificado el cristianismo judío con la sinagoga. Maravilla poco que al principio tuvieran escasa simpatía con la conversión de los gentiles. No habían oído claramente el llamado de Esteban a romper vínculos con la tradición. Los lazos tradicionales pueden colocar una amenaza a la verdad y el amor. Ciertamente, algunas tradiciones en las iglesias de hoy pueden amenazar tanto la fraternidad como la misión de la fe cristiana.

Ni Jacobo ni el grueso de la Iglesia de Jerusalén deseaban negar la conversión de los gentiles como habían hecho los judaizantes (15:1). Sabiamente estaban preocupados por la fraternidad, por las relaciones entre cristianos judíos y gentiles. ¿Cómo podían relacionarse unos con otros? De la decisión se deduce que se esperaba que los gentiles respetaran las tradiciones judías. Quizá era bastante esperar que los judíos aceptaran el informe de la conversión de los gentiles.

Informe a los gentiles (15:22-29)

La decisión del concilio de Jerusalén debía darse a conocer a los gentiles. Pablo y Bernabé eran obviamente los señalados para interpretar los sentimientos de la iglesia de Jerusalén. Judas —de quien no sabemos nada más— y Silas se unieron a ellos en su visita a Antioquía. Más tarde, Silas se unió a Pablo en otra visita a los Gálatas. Estos hombres llegaron a ser mensajeros oficiales de la iglesia de Jerusalén.

La carta fue dirigida específicamente a Antioquía y a otras partes de Siria y Cilicia. Ni Chipre ni Galacia fueron citadas en la correspondencia. Sin embargo, seguramente fue entregada a las ciudades de Galacia (16:4) por Pablo y Silas. La iglesia de Jerusalén denegó responsabilidad propia en la visita de los judaizantes y el problema que habían causado (v. 24). Ciertos requisitos para la fraternidad con los judíos cristianos fueron establecidos de ese modo ¡y el Espíritu Santo lo aprobó! (15:28). Los requisitos eran mínimos; debían ser explicados por Judas y Silas, a los que la iglesia había enviado con ese propósito. Un espíritu de amor fue expresado en la albanza dada a Pablo y Bernabé (15:25, 26).

El significado obvio de las prohibiciones contenidas en la carta (15:28, 29) es que los gentiles deben observar las leyes de la comida en pro de la fraternidad. El comer juntos era un problema a causa de la cultura idólatra de la cual los gentiles eran una parte. Por eso las cosas sacrificadas a los ídolos debían ser rechazadas. Los judíos eran cuidadosos para observar los mandamientos mosaicos relativos a la sangre. Aun hoy el término *kosher* refleja la larga tradición de las leyes alimenticias judías. Muchos gentiles consideraban que la sangre era una exquisitez. La referencia a la fornicación refleja los laxos criterios del mundo gentil, así como la práctica de la prostitución en la adoración a ídolos.

La decisión refleja un tipo de moralidad mínima. Los tres preceptos básicos del judaísmo eran contra la idolatría, el asesinato y la fornicación. Un texto de alternativa agrega la forma negativa de la regla de oro, hecho que tiende a sugerir que la carta se refería a simple moralidad. En cualquier caso, estas "cosas necesarias" (v. 28) comprendían una ley básica para los gentiles en su relación con los judíos. Se puede extraer la inferencia de que el cumplimiento de aquella ley aseguraría la continuación de las buenas relaciones entre los cristianos judíos y gentiles.

3. Buenas nuevas en Antioquía (15:30-35)

No hay evidencia de que Pablo entregara la decisión del concilio en Corinto a otras iglesias gentiles más allá de Galacia. Sin embargo, fue hecha conocer en Antioquía (vv. 30, 31); ésta era la iglesia más directamente implicada. Toda la iglesia recibió las noticias de la decisión con agrado. Las palabras "se regocijaron por la consolación" (v. 31) expresan la satisfacción de la iglesia por la decisión. Judas y Silas agregaron palabras personales a las escritas. La naturaleza de sus indicaciones es sugerida por la palabra "consolaron" (v. 32).

Es interesante que Judas y Silas son descritos como profetas, y que la iglesia de Antioquía estaba abierta al ministerio profético (11:27; 13:1). La respuesta positiva a la palabra y al Espíritu de Dios hace posible el conocimiento de Dios en una iglesia. Judas volvió a Jerusalén y aparentemente Silas quedó en Antioquía.[2] Por un tiempo

Pablo y Bernabé reasumieron su ministerio allí, pero pronto sintieron que la voluntad de Dios para ellos estaba más allá de Antioquía.

En el fondo del relato de Lucas sobre la solución dada en Jerusalén está la carta de Pablo a los Gálatas. Es claro que esta vibrante apelación por la libertad de los gentiles de la ley judía pertenece a la misma lucha descrita por Lucas. Los estudiosos no están acordes sobre cómo las dos fuentes se relacionan entre sí.[3] ¿Habrá sido necesario el concilio de Jerusalén por la confrontación (Gál. 2:11-16) de Pablo y Pedro (y también Bernabé) en Antioquía? La carta a los Gálatas puede haber sido escrita exactamente antes de los sucesos descritos en Hechos 15, lo que la transformaría en el primero de los escritos neotestamentarios. Un llamado tan vibrante a la libertad ciertamente habría expresado los sentimientos de Pablo en esa etapa y hubiera atraído tanto a Bernabé como a Pedro a la posición de Pablo. La fiereza del ataque de Pablo a los judaizantes puede reflejar lo agudo de la discusión en Antioquía, y la velocidad con que aquellos se movieron a Galacia con su herejía. ¿Se explica el ardor de esta carta por las condiciones en que fue escrita? Si Pablo la escribió mientras él y Bernabé viajaban desde Antioquía a Jerusalén para el concilio, entonces su tono puede entenderse fácilmente.

La libertad obtenida en Jerusalén fue tanto de viejas amenazas como para nuevas posibilidades. Significaba libertad de los estrechos confines del judaísmo. Significaba libertad de los impedimentos que los judaizantes querían poner al evangelio. También significaba libertad para la Iglesia en su lucha con la desafiante misión. Todos los hombres tenían ahora la oportunidad de responder a un evangelio sin trabas: las buenas nuevas de Dios en Cristo. Significaba libertad para la fraternidad con todos los hombres, al margen de las barreras nacionales o raciales. En realidad, significaba libertad para todos los hombres.

El efecto inmediato de la decisión del concilio era claro en tres puntos: (1) Su efecto en la iglesia de Antioquía fue el de alentar una clara declaración de la verdad. El ministerio más efectivo de Pablo estaba aún en el futuro, así como lo estaba la misión de la iglesia de Antioquía al mundo. (2) Su efecto sobre los gentiles fue hacer más atractivo el evangelio. (3) Su efecto sobre la iglesia de Jerusalén no fue totalmente favorable. Bajo el liderazgo de Jacobo y otros, el cristianismo judío se movía en la dirección del legalismo y las prácticas judías tradicionales. Esto fue cada vez más claro en los contactos posteriores de Pablo con la iglesia de Jerusalén, y en la carta de Santiago.

El tema de si los gentiles podían ser salvos al margen de la ley de Moisés fue resuelto al principio de las discusiones. Los gentiles habían recibido la gracia de Dios en la salvación, y sus experiencias habían sido confirmadas por el Espíritu Santo.

La cuestión de la fraternidad con los judíos cristianos no fue contestada tan rápidamente. Sobre este punto, la libertad se une con la responsabilidad para elaborar la misión cristiana en el mundo. La salvación personal trae a cada uno al cuerpo de Cristo, que tiene muchos miembros. Trabajar junto con esos miembros a menudo es doloroso. Cuanto más estrechos sean los vínculos espirituales entre los miembros, más afecta el uno al otro. La responsabilidad que uno tiene por la fraternidad cristiana puede parecer limitadora de su libertad personal. Sin embargo, la experiencia de una fraternidad extendida genera una libertad de un orden nuevo y más amplio.

4. Verdad para hoy

Demandas sinceras hechas al pueblo cristiano pueden distorsionar el evangelio. Los judaizantes eran, sin duda, gente sincera. Creían que ellos tenían razón. Al luchar por los antiguos ritos de Judá como una parte de las demandas cristianas, estaban actuando según sus convicciones.

Sin embargo, el efecto de sus esfuerzos era la pérdida de una profunda verdad del evangelio. La gente era salvada por medio del arrepentimiento del pecado y la fe en Cristo. ¡Es eso sin ningún otro agregado! Cada vez que una iglesia, maestro o predicador sugiere que la salvación está basada en Cristo más la unión de otras demandas, se pierde el evangelio puro. Gente buena, actuando con motivos sinceros, puede nublar y causar distorsión del evangelio simple. Como resultado puede perderse el evangelio.

Se espera que los cristianos vivan vidas morales. En nuestro énfasis sobre la obra redentora plena de Cristo quizá no enfaticemos lo suficiente el efecto de su obra en una vida humana. No somos salvos por la moralidad, pero somos morales después de ser salvos. El decreto del concilio de Jerusalén sentó una base moral para la adoración, las prácticas sociales y las relaciones sexuales. La demanda de la circuncisión, tan preciosa para los judíos, fue omitida. Pero las demandas de la ley moral fueron establecidas.

Las demandas morales del decreto fueron justas y prácticas.

Fueron *justas* porque "somos hechura suya, creados en Cristo Jesús para buenas obras, las cuales Dios preparó de antemano para que anduviésemos en ellas" (Ef. 2:10). Eran *prácticas* porque el mundo espera que los cristianos estén por encima de los demás en su conducta. El decreto incluyó el propósito de Dios y la demanda del mundo.

La fraternidad cristiana puede tolerar el conflicto. A veces actuamos como si el conflicto en la fraternidad cristiana tuviera que ser evitada a cualquier costo. Las diferencias son acalladas; se hacen esfuerzos para evitar áreas de posible controversia.

De Gálatas 2 y Hechos 15 aprendemos la lección de que la confrontación abierta de ideas en una fraternidad cristiana puede ser buena. En este hecho, se logró una mejor comprensión del evangelio. Se alcanzó un mutuo respeto entre cristianos judíos y gentiles. Aunque con delicadeza, a los gentiles se les recordaron las raíces judías del cristianismo. Al judío, aunque dolorosamente, se le recordó el ámbito universal del cristianismo. El enfrentamiento de las ideas en conflicto llegó a ser el medio para crear una nueva base para esa fraternidad. La nueva base hizo más amplia y fuerte esa fraternidad.

El Espíritu Santo es una presencia unificadora cuando surge un conflicto entre los cristianos. El enfrentamiento abierto del conflicto dio al Espíritu Santo una oportunidad de hacer su obra. Pedro recordó a sus hermanos que los gentiles habían oído de sus labios el evangelio, bajo la evidente dirección del Espíritu. Además el Espíritu había caído sobre los gentiles, y el relato paulino del poder del Espíritu en su obra agregó nueva luz. De hecho fue tanto que los judaizantes se vieron silenciados.

No pasemos por alto ese silencio. En su mayor parte los judaizantes no eran mala gente. Ni eran anticristianos. Estaban abiertos a la dirección del Espíritu. Cuando reconocieron su dirección, la siguieron. Dejaron de discutir. ¿Buscamos nosotros seguir la dirección del Espíritu cuando surgen diferencias en nuestras iglesias?

---

[1] También se esperaba que esos prosélitos ofrecieran sacrificios en el templo y más adelante, al menos, que pasaran por el bautismo de prosélitos.

[2] El versículo 34, que detalla esto, no aparece en los mejores manuscritos griegos.

[3] Las iglesias en Derbe, Listra, Iconio y Antioquía pueden haber sido las destinatarias de la carta a los Gálatas. Si es así, es posible una fecha más temprana para la misma. Si la misión a los Gálatas es la que se describe en Hechos 16:6, la redacción de la epístola debe haber sido después del concilio de Jerusalén. La secuencia bosquejada en los capítulos 1 y 2 puede ser interpretada como relacionando la visita a Jerusalén de Gálatas 2:1 con la de Hechos 15:2 o Hechos 11:29.

7

Un Mundo Necesitado: Macedonia

Hechos 15:36—17:15

Muchas de las acciones y problemas humanos que enfrenta la iglesia actual pueden ser encontrados en los tiempos neotestamentarios. Por ejemplo, en Filipos, una niña demente sufría la explotación de sus avaros dueños. Un carcelero consideró la posibilidad del suicidio a causa de que temía que sus prisioneros hubieran huido. Los funcionarios civiles estaban preocupados de que un prisionero les produjera problemas políticos. Las multitudes de la ciudad capital demostraron quién sabe qué: ¿su lealtad a Roma? ¿su desconfianza de una fe diferente? ¿su celo? ¿Quién puede saber la causa de un tumulto? Los perturbadores provocaron la incomprensión y los líderes cristianos se vieron obligados a dejar la ciudad. ¿Quién ayudaría en tales necesidades? Eran necesidades personales. ¿Cómo se podían enfrentar? ¿Podían hacer algo útil dos o tres personas?

La historia de cómo Pablo y Silas enfrentaron esas necesidades se mueve rápidamente y en sus escenas, al ir pasando, encontramos claves de cómo podemos responder a las necesidades de hoy.

1. Captando la necesidad (15:36—16:10)

El transporte rápido y las comunicaciones fáciles nos han dado conciencia de nuestro mundo moderno. La cámara de televisión puede sacudir a un grupo en una sala a miles de kilómetros del hambre o la guerra. ¿Cómo se captaban las necesidades del mundo en el primer siglo? Las cartas y las visitas de personas del lugar de los hechos producían esa comprensión en los días de Pablo. La iglesia de Antioquía era conocida por su conciencia misionera mundial. Aunque Pablo y

Bernabé gozaban de fraternidad cristiana en esa iglesia y ministraban a las necesidades personales de la gente en Antioquía, miraron más allá de la ciudad, al mundo. Se acordaron de las iglesias en Galacia, y probablemente tuvieron comunicación con ellas.

Planeando una misión (15:36-41)

Fue propuesta una gira misionera de retorno por Galacia, y se comenzaron los planes. Otros miembros de la iglesia de Antioquía deben haberse unido a los planes. Allí estaba Juan Marcos. ¿O estaría todavía en su casa en Jerusalén? Estaba Silas, recién vuelto del concilio de Jerusalén. Debe haber habido otros. Tanto Bernabé como Pablo estaban consagrados personalmente a una misión más allá de Antioquía. Ambos se dieron cuenta de la necesidad que el mundo tenía del evangelio. Ambos habían visto los cambios que el evangelio había obrado entre los gentiles. Juntos hicieron planes de visitar "todas las ciudades en que hemos anunciado la palabra del Señor" (v. 36).

Sin embargo, hubo diferencias entre Pablo y Bernabé. ¿Podía permitirse que esas diferencias interrumpieran los acuerdos más profundos? El desacuerdo sobre Juan Marcos desde el principio da la impresión de un malentendido, y quizá una expresión de injustificable impaciencia de parte de Pablo. Sería valioso tener más información sobre las razones para la partida de Marcos desde Panfilia, pero no la tenemos. Pablo debe haber tenido fuertes sentimientos en el asunto, y probablemente se expresó con claridad. El desacuerdo fue agudo. La agudeza del conflicto presumiblemente fue sentida con más profundidad a causa de que la fraternidad en Antioquía recibía una amenaza. Pablo había denunciado claramente a Bernabé y Pedro por rendirse a la presión de los judaizantes cuando dejaron de comer con los gentiles en la iglesia (Gál. 2:13, 14). El desacuerdo de Pablo con Bernabé sobre Marcos era como echar sal sobre una herida abierta.

Parecería que Bernabé tenía más simpatía para una misión a los judíos, y Pablo por una a los gentiles. Quizá Juan Marcos se había puesto del lado de Bernabé anteriormente. La cuestión de si había lugar para ambos tipos de misión hubiera resuelto al conflicto. ¡Por supuesto había lugar para ambas misiones, en el necesitado mundo! Así fue como Bernabé tomó a Marcos y navegó a Chipre, su tierra natal, y escenario de una misión anterior que tuvo mucho éxito. Pablo escogió a Silas, un ciudadano romano que había tenido la experiencia del concilio de Jerusalén, y comenzó una misión a través de Siria y

Cilicia (vv. 40, 41). El resultado fue que hubo dos misiones en vez de una.

En la primavera, quizá después del concilio de Jerusalén, Pablo y Silas partieron. El clima puede haber impedido el paso por las puertas de Cilicia antes del 1o. de mayo. Mientras Bernabé y Marcos navegaban hacia Chipre, Pablo y Silas se movían por tierra a través de Siria y Cilicia. Sus planes inmediatos eran de volver a visitar las iglesias que Pablo había ayudado a establecer en Galacia. ¿Qué otros planes instaban a Pablo?

Elección de Timoteo (16:1-5)

Pablo había escogido a Silas, que era aceptable para las iglesias de Jerusalén y Antioquía, pero era necesaria otra ayuda. Quizá a causa de que Juan Marcos había demostrado su utilidad en el comienzo de la misión anterior, Pablo sintió que un hombre más joven podía ser de ayuda. La misión a Derbe, Listra e Iconio no había sido un asunto a vuelo de pájaro. Habían sido establecidas iglesias y se habian forjado vínculos de amistad. Esto era parte de la apelación para una nueva visita.

Quizá Pablo había guiado a Timoteo a Cristo en aquella primera misión. De cualquier manera, él es llamado "cierto discípulo" (16:1). Pablo alistó a Timoteo para su misión. Consideró que era importante la circuncisión de Timoteo (v. 3). Pensaba continuar yendo primero a las sinagogas en nuevas ciudades, como había sido su costumbre. No quería que Timoteo fuese una ofensa.

Más tarde Pablo confesaría: "A todos me he hecho de todo, para que de todos modos salve a algunos" (1 Cor. 9:22). A la luz de la decisión del concilio, Pablo puede haber aparecido como buscando un compromiso. Pero él era sensible a los sentimientos de los judíos. La utilidad de Timoteo en la misión era algo importante. Su circuncisión era algo ventajoso para la misión, y eso definía el asunto.

Los tres hombres se abrieron camino a través de las ciudades de la misión anterior. El interés de Lucas sobre cómo Pablo edificó la fraternidad cristiana puede ser visto en su mención de las "ordenanzas" del concilio de Jerusalén, y la interpretación que de ellas hacía Pablo a las iglesias gentiles (v. 4). La libertad siempre implica responsabilidad. El lenguaje es de Lucas; posiblemente Pablo no se hubiera referido al acuerdo como "ordenanzas" (o "decretos"). Estas vitales interpretaciones eran parte de las enseñanzas que fortalecían a las iglesias.

Lucas resume los resultados del trabajo de Pablo (v. 5) antes de describir el nuevo giro de la misión.

Encontrando la voluntad de Dios (16:6-10)

El autor permite al lector que comparta la búsqueda de la voluntad de Dios. La forma en que Dios les daba dirección es velada por el uso de las palabras. Sólo es cierta la dirección. Quizá un problema físico (¿malaria?) dirigió a Pablo a la zona norteña, lejos de Efeso. Una vez allí, sin embargo, encontraron una población escasa; eso hacía que la región no fuera atractiva. Al serles prohibido hablar la palabra en Asia, al no serles permitido ir a Bitinia, el grupo cruzó Misia y llegó a Troas. Había habido una prohibición del Espíritu Santo y una negativa a permitirles por el Espíritu de Jesús (v. 7), frases ambas que indican formas de hablar de la dirección de Dios. Una vez en Troas, los misioneros no encontraron camino para ir sino a través del mar. El grupo pudo haber quedado en Troas para un ministerio útil, pero Dios tenía otros planes. Más tarde, Pablo había de visitar brevemente la ciudad (20:6-12), pero en este punto era sólo un lugar de paso.

La velocidad de la historia es única; lleva a la visión macedónica (v. 9). En la visión está la evidencia de una dirección positiva. El hombre de la visión no está identificado, aunque Lucas mismo ha sido mencionado como aquel hombre por parte de muchos (El pasaje de "nosotros" comienza en el versículo 10). Aparentemente Lucas se unió con entusiasmo al grupo misionero cuando ellos se movían hacia una nueva provincia. Todo indica que este fue el tiempo de la conversión de Lucas.

2. Filipos: una colonia romana (16:11-40)

La descripción de Filipos como primera ciudad del distrito y colonia romana, ha llevado a suponer que debe haber sido la ciudad natal de Lucas. Tesalónica, la capital de la provincia de Macedonia, era más importante que Filipos en muchos sentidos. Filipos era una colonia romana, distinción reservada a pocos lugares. Una colonia era establecida bajo la protección del imperio. Cuando llegaba la paz, los legionarios frecuentemente recibían propiedades de tierras y quizá la ciudadanía. Su cómoda ubicación en una colonia romana como Filipos fortalecía sus defensas. Filipos había sido el lugar de dos famosas batallas (42 y 31 a. de J.C.) que ayudaron a determinar el destino del imperio. Por lo tanto, era una ciudad-colonia honrada.

Como colonia, Filipos tenía la posibilidad de gobierno propio. Este hecho, junto con la provisión de la propiedad de la tierra, ofrecía cierto prestigio a Filipos. Sus autoridades civiles probablemente asumieron el nombre de "pretores" (traducido "magistrados" en el v. 20) a imitación de los títulos romanos. Los "lictores" (traducido "alguaciles" en el v. 35) también eran familiares en las ciudades romanas. Era una ciudad importante: colonia romana por la acción de Marco Antonio y primera ciudad de la provincia por derecho propio. La sugestión de que Filipos era el lugar natal de Lucas no carece de base.

Dos ciudades, Samotracia y Neápolis, son sobrepasadas en cuanto concierne a Lucas. Un viento favorable de Troas hizo posible el viaje de dos días de Samotracia. El viaje es descrito como "con rumbo directo" (v. 11). Más tarde, el viaje de vuelta tomó cinco días (20:6).

Samotracia estaba a unos mil quinientos metros sobre el nivel del mar y era una imponente isla que servía de señal en un viaje por mar. No hay evidencia de una misión allí. Neápolis estaba aproximadamente a 150 kilómetros del otro lado del mar de Troas. Marcaba el fin del camino que cruzaba Macedonia de este a oeste. No hay evidencia de que se haya fundado una misión en Neápolis.

Se supone frecuentemente que Pablo se limitaba a ir de lugar en lugar sin ningún plan general. Sin embargo, su estrategia misionera pudo haber sido mucho más definida. Era capaz de pasar por alto ciertas zonas y ciudades, aun lugares necesitados. Quería alcanzar los centros estratégicos. Desde estos centros, el evangelio podía ser llevado por otros a los pueblos y el campo circundante. Filipos, una colonia romana, fue el primer centro misionero de Pablo en Macedonia.

Un lugar de oración (16:13-15)

Generalmente Pablo iba a la sinagoga en el día sábado, pero no había sinagoga en Filipos. Se necesitaban diez cabezas de familia para establecimiento y sostén de una sinagoga. Si hubiera habido suficientes cabezas de familia, probablemente los líderes de la colonia romana hubieran fruncido el ceño por su fundación. Las autoridades, sin embargo, no habrían objetado que los judíos se reunieran para la oración fuera de las puertas de la ciudad. Pablo y su grupo, suponiendo que fuera así, encontraron al grupo de oración junto al río Gangites. La ubicación en la ribera hace posibles ciertos lavamientos judíos y, como luego se probó, el bautismo cristiano.

Entre las mujeres que se reunían para adorar, estaba Lidia, una comerciante. Vendía productos teñidos de púrpura, un lujo caro, y era de la ciudad de Tiatira en Asia. Como cabeza de su familia, parece haber sido independiente financieramente. El hecho de que una mujer pudiera ocuparse en los negocios sugiere una actitud más bien liberal en Filipos. Tiatira, la ciudad natal de Lidia, estaba ubicada en la región de Lidia. Algunas personas han supuesto que ella llevaba el nombre de su provincia porque era una ex esclava.

Dios abrió el corazón de Lidia al evangelio, y ella llevó a su casa a aceptar las buenas nuevas. Posiblemente su casa consistía en siervos y empleados. Como Lidia insistió en que Pablo y su grupo se alojaran en su casa, hicieron de ella su cuartel general. Así fue establecido el patrón para la generosidad con la cual la iglesia de Filipos ofrendó continuamente al apóstol Pablo, y su grupo continuaron usando el lugar de oración junto al río, y así no provocaron ningún conflicto. Fue un comienzo pacífico.

Una muchacha demente (16:16-18)

El primer problema de Pablo en Filipos fue una muchacha esclava. Es difícil diagnosticar su estado por la exigua descripción. El "espíritu de adivinación" es literalmente "un espíritu, un pitón" (v. 16). El dios griego Apolo es simbolizado por un pitón. Su altar en Delfos tenía un oráculo de mucha fama.[1] Plutarco se refiere a ventrílocuos como gente con pitones. Las llamadas de la muchacha detrás de Pablo han llevado a la suposición de que ella era capaz de hacer salir su voz de otro lugar. Esta capacidad, con su condición de demente, la hacían útil para sus dueños sin principios. Su adivinación sería más atractiva con su capacidad como ventrílocua. Su condición no es diferente de las personas poseídas por demonios en los evangelios. La presencia y enseñanza de Pablo probablemente haya provocado sus fuertes gritos, de la manera como la predicación y presencia de Jesús provocaron al endemoniado gergeseno (Marcos 5:1-20). Por ello, su curación llegó a ser importante para Pablo.

La condición de la muchacha hacía que su declaración: "Estos hombres son siervos de Dios Altísimo" (v. 17) no fuera bienvenida. La frase "Dios Altísimo" era un título judío para Dios. Los judíos de habla griega y los gentiles devotos también la usaban aunque de maneras menos ortodoxas. El "camino de salvación" tenía un significado para el mundo griego (v. 17) y otro muy distinto para el cristiano (ver vv. 30, 31). Para los griegos, la frase significaba liberación de los poderes que gobiernan el destino del hombre o del mundo material. La continua perturbación que la muchacha traía a Pablo y sus amigos llegó a una crisis.[2] Finalmente, Pablo ordenó al espíritu que se fuera "en el nombre de Jesucristo" (v. 18). Inmediatamente la muchacha sanó.

Arresto y encarcelamiento (16:19-24)

El conflicto en Filipos no era sobre doctrinas o iglesias, era sobre dinero. La muchacha esclava era útil a sus dueños; su curación implicó para ellos una pérdida de ingresos. Tanto Pablo como Silas fueron arrastrados ante los magistrados de la ciudad, donde se hizo la acusación. Parece que no estaba relacionada con el hecho (vv. 20, 21). Por supuesto cuando aparece un problema económico se busca poner la culpa en cualquier otra parte. Es claro el prejuicio contra los judíos en este incidente. En la oportunidad, se levantó el populacho; aceptaron el cargo hecho contra miembros de una minoría sin hacer pregunta alguna. Es interesante la declaración de los dueños en los vv. 20, 21. La acusación puede ser resumida así: (1) Pablo y Silas están causando trastornos; (2) son judíos; (3) están enseñando a los filipenses a observar nuevas costumbres: esto es proselitismo; (4) se están entrometiendo con nosotros que somos romanos. Una parte de la acusación era la práctica ilegal de tratar de hacer conversos cristianos de entre los romanos.

Nuevamente está en el fondo la orden de Claudio de excluir a los judíos de la ciudad de Roma a causa de los problemas en relación con un tal "Crestos". Una ciudad colonia tendría una sensibilidad especial en cuanto a su aplicación. El hecho de la amenaza económica, sin embargo, es básico. Cuando la liberación del poder espiritual plantea una amenaza a las estructuras económicas y sociales surgirá la oposición. Cuando un pastor trata de ministrar a las personas de la comunidad, presumiblemente habrá personas que presenten objeciones. No obstante, el curso cristiano debe ser mantenido, no por la oposición que se produzca, sino por los valores morales y espirituales que mantengan el propósito y la intención de Dios.

Con una notable falta de cuidadosa investigación, los magistrados ordenaron que Pablo y Silas fueran golpeados con varas por los lictores. Esta orden de apalear a los misioneros quebraba la misma ley que los pretores decían que estaban ansiosos por mantener. Pablo y

Silas podrían haber evitado el castigo declarando que eran ciudadanos romanos. Quizá no hayan tenido oportunidad; la acción de la turba llegó demasiado rápidamente.

Los azotados prisioneros fueron confiados al carcelero y colocados bajo máxima seguridad. La prisión "de más adentro" probablemente estaba en un nivel más bajo y sus pies estaban asegurados por cadenas sujetas a los basamentos de la prisión. Aparentemente el carcelero tenía una vivienda en el nivel superior y controlaba el acceso a la prisión desde allí.

Un carcelero es liberado (16:25-34)

Pablo y Silas estaban adorando en su celda a medianoche. Los otros prisioneros escuchaban sus cantos y oraciones, cuando el terremoto sacudió los fundamentos de la prisión y se aflojaron las cadenas que estaban sujetas en la argamasa de los cimientos. Las puertas, cerradas con barras, fueron sacudidas con facilidad.

Quizá lo más familiar de la historia es la pregunta del carcelero. "¿Qué debo hacer para ser salvo?" (v. 30). ¡Ningún predicador del evangelio dejaría de aprovechar esa oportunidad! ¿Cómo podría haber gracia salvadora para un pagano que había tenido poco o ningún contacto con el evangelio cristiano? ¿Había sabido de la curación de la muchacha "en el nombre de Jesucristo"? ¿Habría notado la calma con que Pablo y Silas soportaron su castigo? ¿Había entendido las oraciones de los prisioneros y los himnos que cantaban? ¿Quedó sobrecogido al descubrir que sus prisioneros no se habían escapado? Es improbable que haya hecho la cuestión sobre su salvación en un sentido cristiano maduro. La respuesta de Pablo pasó por alto el problema inmediato del carcelero, y atacó su necesidad espiritual más profunda.

Así llegó la libertad al carcelero enclaustrado. La encontró en la fe, juntamente con su casa. Antes de ser bautizado cuidó de las necesidades físicas de Pablo y Silas. ¡Qué rápidamente se desparramaron las buenas nuevas de la salvación divina por toda la casa del carcelero! La breve declaración: "y enseguida se bautizó él con todos los suyos" (v. 33) no da base para el bautismo de infantes. El lenguaje de Lucas en el versículo 34 indica claramente que los que fueron bautizados habían hecho una respuesta personal al evangelio: "se regocijó con toda su casa de haber creído a Dios". En otras palabras, la fe precede al bautismo en todos los casos.

Reivindicación en Filipos (16:35-40)

El repaso que hicieron los magistrados de sus ideas sobre Pablo y Silas y su encarcelamiento son interesantes. Los oficiales decidieron liberar a los prisioneros. El carcelero parece estar contento con la solución y alentó a Pablo y Silas a que se fueran.

Pablo sintió que había una oportunidad y la usó. Según las leyes de años atrás los ciudadanos romanos estaban protegidos contra el castigo deshonroso. Pablo y Silas, ciudadanos romanos ambos, habían sido azotados y encarcelados sin investigación. Los magistrados reconocieron inmediatamente el peligro de su acción. Respondieron personalmente: Pablo y Silas quedaban libres. ¿Por qué reaccionó Pablo de esa manera? ¿Estaba buscando venganza? Probablemente su motivo primordial para pedir una liberación en público por las autoridades era para librar a los cristianos de Filipos de cualquier tacha de ilegalidad. Nadie podía acusarlos de reunirse al margen de la ley o de seguir a hombres que la quebrantaban. Dejaron la prisión triunfantemente, fueron a casa de Lidia, informaron a los demás cristianos de la ciudad y partieron.

Las referencias a "nosotros" de parte de Lucas concluyen con el encarcelamiento de Pablo y Silas (ver vv. 16, 19). Aparentemente Lucas no fue lanzado a la prisión, aunque había sido un testigo del ministerio en Filipos. La iglesia de ese lugar se hizo notoria por su generosidad para Pablo. Le mandaron dones a Tesalónica (Fil. 4:14-16), cuidaron de sus necesidades en la prisión (Fil. 2:25; 4:10) y posiblemente volvieron a ayudarle en Corinto (Hechos 18:5). Filipos fue una victoria para el evangelio y sigue siendo una iglesia escogida entre las que fueron establecidas por Pablo.

3. Tesalónica: una capital romana (17:1-9)

Una de las características de la segunda misión de Pablo desde Antioquía fue su evidente interés en los centros de población. Quizá interpretó sus dificultades en Asia y en Bitinia como la dirección del Espíritu Santo hacia esos centros. De cualquier manera, no estaba buscando servir a Cristo en lugares fáciles. Así es que, en su camino desde Filipos, pasó por Anfípolis y Apolonia. Después de viajar más de ciento cincuenta kilómetros, llegó a Tesalónica. Allí, en una ciudad comercial, con cierta libertad civil garantizada, confiaba tener seguridad. También buscaba una oportunidad para influir en la zona circundante con el evangelio de Cristo.

Exito inicial (17:1-4)

Como Tesalónica tenía sinagoga, Pablo fue allí primero (vv. 2, 3). Por tres semanas enseñó en esa sinagoga. Desde el principio habló definida y claramente: se concentró en los detalles de la pasión del Señor, explicando las Escrituras y comparando textos para demostrar que Jesús era el Mesías. Los sufrimientos del Mesías presentaban un problema al grupo judío, y un fuerte desafío al maestro de la Biblia. El énfasis de Pablo fue doble: (1) el Mesías debía sufrir y (2) el Mesías es Jesús. Sin la resurrección hubiera sido imposible que los oyentes judíos captaran la enseñanza. La acusación que se le hizo más tarde (v. 7) sugiere que el reino de Dios también era una parte de su mensaje.

Tanto judíos como gentiles creyeron. Las actitudes liberales de la ciudad comercial hicieron fácil que judíos y gentiles disfrutaran juntos del estudio de la Biblia. Muchos convertidos provenían de los gentiles temerosos de Dios, entre ellos un buen número de mujeres influyentes. Estos eran los mejores candidatos para el judaísmo y pueden haber sido cultivados por algún tiempo por los judíos de Tesalónica. Algunos de los que creyeron probablemente no habían disfrutado de ningún contacto previo con la sinagoga. Todos los que creyeron formaron un grupo alrededor de Pablo y Silas. El evangelio que predicaron removió barreras entre judíos y gentiles, y podía ser aceptado mucho más fácilmente que el judaísmo tradicional.

No hay referencia clara a la extensión del ministerio tesalonicense. ¿Hubo un momento de clara ruptura con la sinagoga, y un intenso trabajo con "los que se juntaron con Pablo y Silas" (v. 4)? Por lo menos hubo tiempo suficiente como para recibir en Tesalónica las ofrendas de Filipos (Fil. 4:16), y establecer una iglesia con la que más tarde Pablo podía mantener correspondencia. Probablemente Pablo y Silas invirtieron seis meses en Tesalónica antes de que la situación se hiciera imposible.

Una ciudad perturbada (17:5-9)

Cuando los judíos vieron que los gentiles a quienes habían cultivado para su fe seguían a Pablo y Silas, "teniendo celos" (v. 5), incitaron a un motín. Siempre hay gente dispuesta para una demostración así; los holgazanes se transforman fácilmente en agitadores. La acción de la turba llegó a su clímax (vv. 5, 6). ¿Se apoderó la turba de la conducción que estaba en manos judías? Se creyó que Pablo había encontrado refugio en la casa de Jasón; de allí que su casa llegó a ser objeto de su asalto. Cuando resultó claro que no estaban allí, la turba se apoderó de Jasón y sus amigos cristianos. Le arrastraron "ante las autoridades de la ciudad" (v. 6).

La acusación contra los cristianos de Tesalónica no incluyó nada religioso; era estrictamente política. En Filipos, la comunidad judía fue acusada junto con Pablo. En Tesalónica, por su parte, los judíos influyentes ayudaron a mantener a los judíos alejados de la acusación. El cargo contra Pablo y su grupo fue acuñado en los términos más amplios posibles: "Estos que trastornan el mundo entero también han llegado hasta aquí" (v. 6). Era básicamente una acusación política, como lo fueron las presentadas contra Jesús (Lucas 23:2) y Esteban (Hechos 6:11-14). En el primer siglo se valoraba la paz que el Imperio Romano trataba de asegurar, y se levantaba oposición a cualquiera que pareciera amenazarla. Un caso ilustrativo es cuando el emperador Claudio expulsó a los judíos de la ciudad de Roma, donde un tal "Crestos" había causado tanta agitación entre ellos. Una amonestación de Pablo a los tesalonicenses (2 Tes. 3:6-12), escrita después de su ministerio allí, indica su sensibilidad a la acusación de que los cristianos estaban trastornando al mundo. El cargo de los tesalonicenses de que Pablo y Silas estaban proclamando un nuevo emperador era muy serio. Más tarde posiblemente Pablo evitó un énfasis en el "reino de Dios".

Los magistrados de la ciudad quedaron perturbados por la demostración y la acusación. Era su responsabilidad mantener la paz cuando ésta era amenazada. Como ni Pablo ni Silas estaban presentes, una fianza era la única solución. Los gobernantes respetaron la posición favorecida de la ciudad y sin embargo, —desde su ventajoso punto de vista— tomaron la acción más suave posible. Esa fianza, que fue frustrante en particular para Pablo, puede haber sido el punto de referencia a la perturbación de Satanás de su carta a Tesalónica (1 Tes. 2:18). El no podía reasumir su trabajo sin poner en peligro a Jasón y sus amigos. En ello, pues, estaba la base legal en potencia contra la misión cristiana. Afortunadamente la acción fue puramente local, pero parece haber impedido el regreso de Pablo a Tesalónica.

Relaciones posteriores

De las dos epístolas a los tesalonicenses son evidentes algunas características adicionales del ministerio en esa ciudad. En primer lugar, la persecución fue experimentada por toda la iglesia (1 Tes. 2:14; 3:3). En segundo lugar, Tesalónica llegó a ser un centro para la evangelización de la región (1 Tes. 2:14—3:10). En tercer lugar, Pablo trabajó con sus manos mientras estuvo allí (2 Tes. 3:8). En cuarto lugar, le hubiera gustado volver, pero Satanás se lo impidió (1 Tes. 2:18). En quinto lugar, se estableció algún tipo de servicio y Pablo urgió a la nueva iglesia a que fuera un grupo industrioso (1 Tes. 5:12-15; 2 Tes. 3:6-14). En sexto lugar, gran parte de su predicación parece haber sido sobre la segunda venida (2 Tes. 2:1-12).

La necesidad de una salida abrupta de Tesalónica fue para Pablo algo desalentador. ¿Se quedó Pablo en la cercana Berea con la esperanza de la oportunidad de volver? Parece que Timoteo se quedó en Tesalónica, porque el versículo 10 sólo menciona a Pablo y Silas. Más tarde, tanto Silas como Timoteo fueron dejados en Berea mientras Pablo iba solo a Atenas (v. 14). Tesalónica, la capital romana de Macedonia, que había sido una perspectiva atrayente, había resultado ser una experiencia desilusionante. Sin embargo, a pesar de los problemas, una iglesia quedó establecida en la ciudad.

4. Berea: un breve ministerio (17:10-15)

Al margen del camino principal, a unos noventa kilómetros de Tesalónica, estaba Berea, centro de un próspero distrito rural. Probablemente no estaba en los planes originales de Pablo, pero llegó a ser un refugio luego de las dificultades en la ciudad capital. Pablo y Silas comenzaron su ministerio bereano en la sinagoga judía.

Exito inicial (17:10-12)

La breve descripción de los bereanos como "más nobles" (v. 11), que estuvieron "escudriñando cada día las Escrituras (v. 11), es familiar a todos los que estudian la misión paulina. Los bereanos escucharon a Pablo y Silas con agrado y abrieron sus mentes a la verdad. Su comprensión fue agudizada por su interés en las Escrituras. No aceptaron de inmediato todo lo que oyeron, sino que comprobaron la enseñanza de los misioneros con las Escrituras. Esta fue su nobleza: tener las mentes dispuestas. Mentalmente alertas y espiritualmente hambrientos, muchos respondieron al mensaje del evangelio. Entre ellos había mujeres griegas influyentes que encontraron en el evangelio cristiano la verdad espiritual que habían buscado. No fue necesaria ninguna separación de la sinagoga en Berea, aunque la influencia de Pablo y Silas parece haberse esparcido más allá de la sinagoga. Más tarde, uno de los miembros de la iglesia, Sopater, acompañó a Pablo a Jerusalén (20:4).

Problemas y partida (17:13-15)

El ministerio en Berea era de éxito y pacífico hasta que los perturbadores de Tesalónica supieron que Pablo estaba cerca. Estaban dispuestos a librarse de esa amenaza. Los problemas no comenzaron para Pablo, ni en Tesalónica ni en Berea, con las autoridades oficiales, y no parecen haberse esparcido en la provincia. Partió de Berea a la primera señal de dificultades, para evitar que otra decisión adversa hiciera más difícil su regreso a Tesalónica. Sus amigos estaban ansiosos para protegerlo, ya que habían estado en Tesalónica. Le llevaron rápidamente hasta el mar. ¿Era esto un plan para esconder que el verdadero destino de Pablo era Atenas? Un dicho jocoso que llega desde el siglo tercero a. de J.C. dice: "El que pelea y se va vive para pelear otra vez". La efectividad de Pablo fue preservada para un ministerio posterior.

La distribución hecha por Pablo de sus fuerzas misioneras al partir de Macedonia sugiere cierto grado de planeamiento y organización de su parte. Fue a Atenas, quizá en una especie de operación de retardo, esperando volver a Tesalónica. Silas y Timoteo quedaron en Berea. Pueden haber permanecido algunas semanas esperando noticias que les permitieran volver. Timoteo visitó a Pablo en Atenas y fue enviado de regreso a Tesalónica (1 Tes. 3:1, 2). Quizá Silas también fue a él allí y volvió a Macedonia. Más tarde (18:5) ambos fueron bienvenidos por Pablo en Corinto.

Así terminó el trabajo de Pablo en Macedonia con una nota de expectativa. Pablo había ido a Macedonia en respuesta a un llamado divino. Había establecido iglesias en Filipos y Tesalónica, iglesias con quienes más tarde mantuvo correspondencia. La oposición a su misión había venido de comerciantes gentiles tanto como de los judíos. El resentimiento de los judíos por la facilidad con que atrajo a sus posibles conversos gentiles, con seguridad habría de afectar las relaciones entre Pablo y Jerusalén. ¿Debía esperar el mundo necesitado que el resentimiento cediera?

5. Verdad para hoy

Dios usa a personas consagradas para que su trabajo sea hecho en el mundo. Claramente, las necesidades del mundo no podían ser satisfechas con las pequeñas fuerzas de Pablo, pero este trabajo provee un claro ejemplo de lo que pueden hacer unos pocos. Con seguridad las iglesias de Antioquía y Jerusalén estaban implicadas en esta misión, y su apoyo significaba mucho para Pablo. No obstante, no hay evidencia de que este apoyo haya sido financiero o físico, sino sólo moral y espiritual. Pero Pablo mantenía un continuo respeto y relación con esas iglesias. Todos ellos trabajaban juntos en la misión de Cristo.

Pablo usó todas las oportunidades. Su acercamiento inicial fue hecho a los judíos. Sin embargo, el evangelio no estaba confinado a ellos, ni aun a aquellos judíos que habían sido atraídos por el judaísmo. Pablo usó aquella oportunidad para abrir otras puertas. Las iglesias de hoy encontrarán algunas puertas cerradas para sus miembros. Hoy no siempre es fácil testificar. Los líderes de las iglesias deben estar alertas como lo estaba Pablo; deben crear oportunidades de testimonio para sus miembros. Los cristianos deben ser tan sensibles como lo fue Pablo; deben hacer que el testimonio del evangelio de Cristo sea claro en el mundo donde hay que trabajar y vivir. Pablo no esperó que la gente fuera a él, sino que él fue a ellos.

Es posible el desacuerdo entre los líderes de la iglesia. Pero Dios puede sacar algo bueno —y lo saca— de tales desacuerdos. Dos hombres, consagrados a la voluntad de Dios, pueden interpretar esa voluntad en forma diferente, pero debido a su consagración personal, buscarán ardientemente cómo servir a Dios.

Los cristianos mayores necesitan alentar y ayudar a los jóvenes. Posiblemente nadie habría oído hablar de Timoteo si no hubiera sido por el aliento que le fue dado por Pablo y Silas.

La voluntad de Dios no siempre es fácil de conocer. Algunas veces nuestros planes o ideas llegan a buen destino. Por otra parte, Dios también guía a sus hijos cuando buscan su camino. Para Pablo, la forma de seguir la dirección de Dios era una tarea de cada día, de cada ciudad. A veces, una aparente oportunidad debe ser pasada por alto.

Cuando la acción cristiana desafía los intereses, puede surgir el conflicto. En Listra, cuando Pablo se opuso, dejó al descubierto el falso culto de sus habitantes. En Filipos el conflicto provino de personas amenazadas con la pérdida de ingresos. En Tesalónica, la causa de la oposición era el orgullo religioso. El egoísmo y el orgullo son dioses a los que muchos sirven, aun algunas personas que son miembros de iglesia.

¡Qué bendición es para el pueblo de Dios el estudio de la Biblia!
Cuando hay gran interés en la Palabra de Dios y un deseo de conocer
sus verdades, el pueblo crece en profundidad espiritual; el ministerio
pastoral es placentero y efectivo. El recuerdo de los bereanos es un tri-
buto duradero: ellos examinaron diariamente las Escrituras para ver
"si estas cosas eran así" (17:11).

[1] El principal protagonista en Delfos era una mujer virtuosa que, drogada en alguna medida,
hablaba y luego era interpretada por los sacerdotes cercanos.

Se pensaba que Apolo tenía el poder de comunicar ese don de hablar oráculos a otros, además
de la pitonisa de Delfos. Un caso así fue el de la esclava de Filipos, "posiblemente una ventrílocua,
afligida de locura de algún tipo crónico leve, cuya particularidad era, de acuerdo a las ideas de la
época, considerada como la posesión de un espíritu pitónico". Era consultada "por su dueño y su
dueña más bien que por un grupo de hombres". Su dueño interpretaba sus gritos, a la manera de los
sacerdotes de Delfos, y adaptaban, según sus gritos, respuestas para aquellos que la consultaban. Ver
P. A. Gordon Clark, "Python", *Dictionary of the Apostolic Church*, ed. por James Hastings (Edim-
burgo, T. and T. Clark, 1919), pp. 292, 293.

[2] La referencia a "muchos días" (v. 18) indica que el ministerio en Filipos se extendió por
cierto tiempo antes del encarcelamiento

8

Ciudades Desafiantes: Atenas y Corinto

Hechos 17:16—18:17

Cada una de las ciudades de la zona del Mediterráneo ha tenido su propio centro religioso popular. Así es como Jerusalén tenía el templo; Roma tiene su catedral de San Pedro. Sobresaliendo y dominando Atenas estaba el Acrópolis con su Partenón. El sitio de la antigua Corinto también es dominado por la majestad del Acrocorinto. Jerusalén y Roma pertenecen a la tradición judeocristiana. Atenas y Corinto reflejan la cultura pagana y la religión de la antigua Grecia. Pablo enfrentó el paganismo de estas últimas ciudades gentiles con el evangelio de Jesucristo.

Al margen del desafío de un paganismo bien arraigado estaba el llamativo contraste entre la cultura de Listra, por ejemplo, y la cultura de Atenas. Cuando Timoteo, un nativo de Licaonia, visitó a Pablo en Atenas (1 Tes. 3:1, 2), debe haber visto ese contraste con toda claridad. Pablo, un nativo de Tarso —"ciudad no pequeña" (Hechos 21:39)— obviamente sintió el desafío de Atenas y Corinto. Atenas era el centro intelectual y cultural del mundo. Estudiantes de todas partes eran atraídos a ella y caminaban por sus calles, buscando nuevos conocimientos. Corinto era un notable centro comercial y la gente llegaba allí para buscar riqueza. Atenas y Corinto eran tan diferentes como el día y la noche.

La América del siglo XX se está transformando en un continente que depende de la influencia de sus ciudades. El evangelio no ha cambiado, pero el medio en que es comunicado ha sido alterado radicalmente. Muchos americanos se han trasladado del quieto ambiente rural a la bullente ciudad. El desafío de la iglesia rural, con su poder para influir a una comunidad, es atractivo, pero las modernas ciudades americanas —como Atenas o Corinto en la antigüedad— también plantean su desafío.

Antes de llegar a Atenas Pablo y su grupo habían vivido en Filipos, una ciudad consciente de su posición. Después de eso fue a Tesalónica, cuyo poder político ofrecía un claro desafío. El poder político de Tesalónica, no obstante, interrumpió los esfuerzos de los misioneros. Ahora Pablo estaba en Atenas, una ciudad dedicada a las religiones paganas y la cultura. El informe de Pablo hace temblar: "Y los que se habían encargado de conducir a Pablo le llevaron a (tan lejos como) Atenas" (v. 15).

1. *Atenas: una ciudad muy religiosa (17:16-34)*

Nuestro título fue la descripción que Pablo hizo de Atenas (17:22), y el relato confirma que la descripción era exacta. Sin embargo, Atenas no era cristiana, ni judía, sino notoria, más bien, por sus muchas religiones. La evidencia era la amplia variedad de altares a dioses paganos que habían sido erigidos allí. Los atenienses mantenían muchos santuarios religiosos. Adoraban en todos, pero ninguno les satisfacía. Enfrentar a personas tan cargadas con su religión era difícil. Maravilla poco que Pablo esperara tranquilamente por unos pocos días, confiando en que Timoteo y Silas le trajeran buenas noticias desde Tesalónica.

Ministerio inicial (17:16, 17)

Sin embargo, Pablo no estuvo tranquilo mucho tiempo. Su predicación en Atenas era una reacción a la idolatría de la ciudad (v. 16). La ciudad estaba "llena de ídolos" y cada uno era un desafío para él. El Acrópolis, con su Partenón, el templo a la victoria y el Erecteión —todos ellos obras maestras de la arquitectura— movieron a Pablo a la acción.

Para ver el Acrópolis, Pablo puede haber buscado la colina de las Musas, que era en sí misma una parte del interés ateniense en la religión y la cultura. Estas musas inspiraban el arte, la arquitectura, la música y el drama, todo lo cual se centraba en los hechos o deidades paganas. Atenas tradicionalmente había combinado su cultura y su idolatría, de modo que la una reforzaba a la otra.

En el pasado, ciertas ciudades americanas han identificado la religión con la cultura, de tal manera que personas de otras religiones o de otras culturas se sienten muy incómodas. Pero este tipo de marco está pasando rápidamente de la escena americana. Más bien, el cristianismo ahora debe luchar con muchas religiones, sectas y aun supersticiones. La tarea de testificar hoy es un desafío, pero no más de lo que era cuando Pablo lo enfrentó.

Pablo comenzó su ministerio en la sinagoga judía. Lucas presenta un extraño fluir de ideas: ¡Pablo fue conmovido por los ídolos, por lo cual discutió con los judíos y los temerosos de Dios en la sinagoga (v. 17)! (Había temerosos de Dios entre los gentiles en Atenas, como los había habido en otras ciudades de la misión paulina). Ellos y los judíos deben haber compartido la incomodidad de Pablo ante los ídolos paganos. La sinagoga dio a Pablo una base de operaciones y le colocó en un ambiente familiar.

El ministerio de Pablo se extendió más allá de la sinagoga, porque él estaba interesado en las personas que componían la ciudad. Algunas de estas personas se congregaban diariamente en la plaza del mercado (ágora) y allí las encontró Pablo. El ágora era un lugar donde había rápida circulación tanto comercial como de noticias.

Este amplio lugar, rodeado por edificios públicos, pórticos y negocios, atraía a los curiosos así como a los comerciantes. Los oradores populares de un parque moderno hubieran estado cómodos en el ágora. En la antigua Atenas Sócrates había declarado que el ágora era su arena. Ahora allí Pablo instó a todos los que venían, con el evangelio.

Encuentro con filósofos (17:18-21)

Entre los que Pablo encontró y con quienes conversó, estaban los epicúreos y los estoicos, representantes de dos filosofías populares de la época. Ellos también caminaban por las calles de Atenas, buscando ganar seguidores. Realmente Pablo podría bien haber pasado por uno de sus filósofos caminantes de la antigua ciudad. En cierto grado estos pensadores habían reemplazado a los ídolos y sus sacerdotes. Entenderlos[1] nos ayuda a entender a la antigua Atenas.

Los epicúreos generalmente son acusados de ser simples buscadores de placer, y se trata de una acusación justa. Sin embargo, su sabiduría se demostraba en la elección de los placeres que perseguían. Buscaban aquellos placeres que pudieran dar una prolongada satisfacción. Desde mucho antes habían abandonado la devoción o dependencia de los dioses de la antigua Grecia. Creían que éstos estaban totalmente despreocupados de los asuntos humanos. Eran materialistas en sus puntos de vista, y no aceptaban el concepto de una vida en el más allá. Quizá su filosofía dio lugar a la declaración de Pablo: "Si los muertos no resucitan, comamos y bebamos, porque mañana moriremos" (1 Cor. 15:32).

Los estoicos eran un grupo más noble, y declaraban que un pórtico (*stoá)* en el ágora era el lugar donde había enseñado Zenón. Se daban asimismo el nombre de acuerdo al lugar donde enseñara su maestro. Si bien hay algunos cristianos modernos que muestran evidencia de parentesco con los epicúreos, hay otros cuya fe cristiana es similar al estoicismo en algunos aspectos de su concepto. Los seguidores de Zenón eran un grupo firmemente bien disciplinado, y resistían los reclamos de las pasiones y los deseos humanos. Creían que Dios era un espíritu que moraba en todas partes de la creación. Consideraban que la vida era gobernada por el destino más que por la fe. Soportaban los golpes de las circunstancias con dignidad, aunque estaban marcados por una fuerte tendencia al suicidio. Para los estoicos todos los hombres eran hermanos, porque todos participaban del espíritu divino que impregna la creación.

El profesor Keck sugiere tres elementos de la filosofía estoica: (1) "los estoicos creían que el universo (y todo lo que había en él) estaba gobernado por la Ley" (*logos*). (2) "El hombre vive en un mundo cerrado, un mundo de causa y efecto." Por ello, pensaban en que "el hombre debe aceptar su destino". (3) No obstante, el hombre se encuentra arrastrado por pasiones y ligado por la ignorancia y la costumbre. Por lo tanto, los estoicos apelaban a los hombres para que "abandonaran esa vida, vivieran juiciosamente, vivieran de acuerdo al Logos, la Ley del universo".[2] Como los epicúreos, los estoicos rechazaban cualquier esperanza de una vida futura, convencidos de que ésta ya era bastante mala.

Seguramente había otras creencias representadas en el ágora aquel día, porque Atenas era el punto de reunión de las ideas del mundo. La respuesta a la enseñanza de Pablo fue variada. Como los atenienses estaban acostumbrados a las enseñanzas extrañas, algunos describieron a Pablo como un "palabrero" (v. 18), que recogía ideas de aquí y de allá y se las lanzaba a ellos. Otros, acostumbrados a la idolatría de la ciudad, interpretaron su enseñanza en términos de nuevos dioses. Pablo hablaba de Cristo y su resurrección. Ambas palabras eran extrañas para los atenienses. Como en su idioma "Jesús" era una palabra masculina y "resurrección" una palabra femenina, algunos de los que oyeron a Pablo pensaron que él estaba enseñando sobre un nuevo par de dioses. Había poco en sus ideas religiosas que les preparara para cualquier concepto de una vida personal más allá de la muerte.

Para proteger la reputación de la ciudad como centro intelectual, frecuentado por estudiantes de todo el mundo, los funcionarios de la misma sometieron a Pablo a una investigación. Fue llevado al Areópago para una nueva requisitoria. El lugar del interrogatorio probablemente fue el monte de Ares (traducción literal de "Areópago"), que está cerca del ágora. Hoy se conoce como "monte de Marte" (nombre romano de Ares). Por el otro lado, el areópago puede referirse a la corte ante la cual testificó Pablo; puede haberse reunido en el ágora mismo. El juicio de Lucas sobre la liviandad de la ciudad indica falta de simpatía hacia Atenas: gastaban la mayor parte del tiempo yendo de idea en idea. Para ellos, el mensaje cristiano era simplemente una nueva idea, una entre muchas.

"En medio del Areópago" (17:22-31)

¿Cómo podía comenzar Pablo su defensa de la fe cristiana en un grupo humano tan distinguido? ¿Qué diría un predicador moderno? La mayoría de los viajeros que suben a la colina donde se supone que estuvo Pablo se sienten dichosos con releer el sermón de Pablo. Podría haber comenzado lógicamente apelando a los estoicos, y declarando "el Logos tomó forma de hombre y anduvo entre nosotros" (ver Juan 1:14). Presumiblemente esa declaración no les hubiera chocado. Pero como Pablo había sido encargado de la presentación de las buenas nuevas, comenzó, no con una idea filosófica, sino con una declaración que se adaptaba a su fondo idolátrico. Su lógica es clara.

Los ídolos en Atenas habían sido hechos para representar una amplia variedad de experiencia humana. Desde la colina de Marte Pablo podía ver fácilmente hacia el ágora abajo, y al Acrópolis arriba con sus templos, altares e ídolos. Sobre el Acrópolis estaba el altar a la Misericordia y un templo a la Victoria. Pablo sentía nostalgia por la verdadera fe ante otro altar "Al Dios no conocido" (v. 23). Comenzando con ello, Pablo testimonió a los atenienses. Quizá el título de su sermón aquel día haya sido "A un dios no conocido". El Dios del cual Pablo predicaba era ampliamente desconocido para los atenienses.

Una traducción frecuente de la descripción "Sois muy religiosos" es "Sois muy supersticiosos" (v. 22). Es de suponer que esta última traducción hubiera sido rechazada por los atenienses. La descripción "muy religiosos" es adecuada y se aplicaría a la escena moderna tanto como a la de Atenas. Pablo comenzó donde estaban los atenienses y procedió a predicar en términos que ellos pudieran entender. Al mismo tiempo estaba echando el fundamento para una apelación evangélica. Esa apelación puede ser encontrada en los versículos 30 y 31. Es una palabra de juicio, y de la necesidad de arrepentimiento del hombre.

Comparado con otros sermones de Hechos, esta presentación de las buenas nuevas parece extraña. Sin embargo, refleja el contexto de Atenas. Sus ideas podían apelar a los estoicos que oían a Pablo. Pero el hecho de que él haya demostrado comprensión de las ideas paganas no significa que las aceptara. Compárese, por ejemplo, este pasaje con Romanos 1:18-32. Ambos pasajes reflejan una comprensión de la teología natural, pero a la vez no confinan su tema a la revelación de Dios en el judaísmo.

El sermón de Pablo en la colina de Marte puede ser bosquejado como sigue:

1. Conocéis muchos dioses (vv. 22, 23)
2. Yo os presento *al* Dios (vv. 24-29)
(1) El es creador de todas las cosas (vv. 24, 25)
(2) El es soberano y suficiente (v. 26)
(3) El hizo al hombre
    - a todos los hombres, para que le buscaran y le encontraran, porque está cercano (vv. 27, 28)
(4) El es espíritu (v. 29)
3. Vosotros debéis arrepentiros (vv. 30, 31)
(1) Dios lo manda (v. 30)
(2) Dios juzgará al mundo (v. 31)
    en justicia

    por un hombre a quien levantó de los muertos (v. 31)

Aunque el sermón utilizó parcialmente un lenguaje estoico,[3] rompió abiertamente con los puntos de vista estoicos. Más bien, Pablo insistió en una revelación particular de Dios en Cristo. Rechazó el concepto de que todas las religiones son buenas y finalmente llevarán a Dios. En cuanto a los atenienses ni el juicio ni la resurrección eran ideas aceptables. El primero perturbaba el orden pacífico que aceptaban los estoicos, y la última extendía la vida más allá de la muerte.

División de opiniones (17:32-34)

La multitud entendió muy bien cómo responder. Pablo les había hablado claramente. Sintieron curiosidad por la referencia a Jesús y la resurrección, pero se sintieron chocados cuando siguió diciendo que Dios levantó a Jesús de los muertos. Podían hablar de la idea abstracta de la inmortalidad, pero rechazaban la idea de una resurrección personal. "Unos se burlaban", pero otros tuvieron más curiosidad y quisieron oír más (v. 32).

Como Pablo se dio cuenta mejor que ellos de lo lejos que estaban de una entrega cristiana, se alejó. No se informa de una iglesia en Atenas en esa época. Entre aquellos que le siguieron estaban Dionisio y Dámaris (v. 34). El más destacado era Dionisio, quien era miembro del supremo tribunal que se reunía en la colina de Ares, en el Areópago (v. 34). La tradición identifica a Dionisio con el primer obispo de Atenas. La misma mención de los nombres de Dionisio y Dámaris implica que sus nombres eran conocidos a los cristianos de la zona en la época en que escribió Lucas.

Es de gran interés para nosotros la forma en que Pablo se enfrentó luego con Corinto. La misión a Atenas era menos que un éxito, y Pablo se había enfrentado por primera vez con la cultura griega en su cumbre. ¿Podía hacer un impacto el mensaje cristiano en el mundo pagano? Pablo había sido frustrado por la puerta cerrada en Tesalónica. Ahora Atenas se había burlado de su mensaje y pocos habían respondido. ¿Qué le esperaba en Corinto?

2. Corinto: una ciudad que respondió (18:1-17)

Aunque Atenas fácilmente supera a Corinto en la mente moderna, los ciudadanos del primer siglo las consideraban aproximadamente iguales en importancia. La distancia entre ambas no era grande, quizá menos de ochenta kilómetros. Si bien Atenas era un centro de educación, Corinto era un centro de comercio. Antes del período neotestamentario, el elevado Acrocorinto (aproximadamente a seiscientos metros sobre el nivel del mar) era un punto de mira ventajoso para el control del mar. Cuando los romanos garantizaron la paz, y Julio César construyó la ciudad colonia, su ubicación entre los mares Egeo y Adriático le aseguró un carácter comercial (el antiguo sueño de un canal a través del istmo, que conecta la tierra firme con el Peloponeso, fue realizado en la época moderna. Ahora las abruptas laderas del canal y la sorprendente profundidad sacuden la imaginación: ¿qué puede haber sido Corinto en el mundo moderno sin este canal?) La ruta más corta entre Asia y Roma era a través del istmo. Los barcos pequeños eran simplemente arrastrados por tierra desde Cencreas hasta Leceo (Lechaeum) que eran los puertos corintios en los lados opuestos del istmo. Los barcos mayores eran descargados en un puerto; la carga era trasladada por tierra y luego vuelta a cargar en otro barco en el otro puerto.

El acceso de Corinto al mar y su importancia para el transporte en el Imperio Romano aseguraba su significación y tamaño. El constante movimiento de antiguos marinos también aseguraba su pecado. La reputación de Corinto era tan mala que la expresión "corintizar" significaba "hacer lo inmoral". Su libertad romana era abusada; su devoción a los ídolos griegos dio lugar a la gratificación sexual. Sus necesidades espirituales eran grandes. Pablo, recién salido de su frustración en Atenas, fue instado a predicar.

El cristiano moderno encuentra en el Nuevo Testamento más sobre la vida de la iglesia en Corinto que en cualquier otra ciudad. Pablo ministró allí por lo menos durante un año y medio. Posiblemente desde esa ciudad escribió 1 y 2 Tesalonicenses y Romanos. Pablo escribió varias cartas a Corinto, de las cuales dos se han preservado. Muchos estudiosos del Nuevo Testamento piensan que realmente representan cuatro cartas de Pablo. Por ejemplo, es a partir de estas cartas que sentimos el espíritu en el cual Pablo se movió de la teología natural de Atenas a la teología cristocéntrica de Corinto: "Así que, hermanos, cuando fui a vosotros para anunciaros el testimonio de Dios, no fui con excelencia de palabras o de sabiduría. Pues me propuse no saber entre vosotros cosa alguna sino a Jesucristo, y a éste crucificado" (1 Cor. 2:1, 2).

Aquila y Priscila (18:1-3)

Silas y Timoteo habían sido dejados atrás en Tesalónica; así es como el apóstol llegó solo a Corinto. Pronto descubrió una pareja con quien desarrolló una estrecha amistad, Aquila, un judío del Ponto, y su esposa Priscila. La mayoría de las referencias del Nuevo Testamento mencionan primero a Priscila, una prueba de su influencia como cristiana por derecho propio (Ver Hechos 18:18; Rom. 16:3; 2 Tim. 4:19). Era su destino el que fueran recordados a causa de su relación con Pablo y su misión.

¿Los había conocido Pablo antes? Aparentemente eran cristianos antes de su encuentro. El evangelio ya había llegado a Roma. La presencia de Aquila y Priscila en Corinto, llegados tan recientemente desde Roma, puede haber despertado el interés del apóstol en la capital del imperio.

Suetonio, el escritor del segundo siglo, relata que en Roma los judíos habían sentido tanto desagrado alrededor de una persona llamada "Crestos", que la vida en la sinagoga había sido interrumpida. Aun la paz de la ciudad había sido amenazada. El lector moderno fácilmente puede ver que "Crestos", era un mal deletreo del latín *Cristus*. ¿Había sido dividida la comunidad judía por sus esperanzas mesiánicas? Si era así, podemos adivinar que la causa de esta división presumiblemente era la proclamación del evangelio. De cualquier modo, el emperador Claudio emitió un decreto de que todos los judíos dejaran la ciudad, lo que era un éxodo de proporciones. Entre los que partieron estaban Aquila y Priscila (18:2).

Eran fabricantes de tiendas, como lo era Pablo. A todos los muchachos judíos se les enseñaba un oficio; aun los rabinos trabajaban con sus manos. Las tiendas en la época de la juventud de Pablo eran hechas de pelo de cabra de Cilicia, que era dura y fibrosa. Pablo era un obrero experimentado y encontró este vinculo adicional con aquella pareja cristiana. Ciertamente, más tarde él se enorgulleció de su independencia de sus conversos corintios; no era una carga para ellos (Ver 1 Cor. 9:8-18).

Un cambio de ritmo (18:4, 5)

El ministerio de Pablo al comienzo estaba grandemente restringido, porque trabajaba con sus manos durante la semana y debatía en la sinagoga sólo los sábados. Corinto no era conocida por sus filósofos ambulantes, y su ágora era más dedicada al comercio que a la conversación. Con seguridad, allí había griegos que habían sido atraídos por la sinagoga, y Pablo captó la necesidad del evangelio.

Silas y Timoteo llegaron entonces desde Macedonia (v. 5). El cambio en el ministerio de Pablo fue inmediato. Sus discusiones semanales en la sinagoga se transformaron en poderosos servicios de predicación. Lucas describe la nueva modalidad diciendo que Pablo estaba "entregado por entero a la predicación de la palabra" (v. 5). Era como si Pablo hubiera removido sus auto-impuestas restricciones; su único pensamiento era el de hacer más claro el evangelio. Antes de la llegada de Silas y Timoteo, él "discutía" (v. 4), quizá de acuerdo al patrón que había usado en Atenas. Después de la llegada de aquéllos, "Pablo estaba entregado por completo a la predicación de la palabra, testificando a los judíos que Jesús era el Cristo" (v. 5). El cambio es evidente.

¿Por qué habrá hecho esa diferencia la llegada de los amigos desde Macedonia? La preocupación de Pablo por el trabajo en Tesalónica había hecho sombra en su trabajo tanto en Berea como en Atenas. Pero cuando sus amigos llegaron con noticas de Tesalónica, la carga de ansiedad fue levantada. Pablo estaba libre para predicar. Una referencia a esa visita en la carta de Pablo a los tesalonicenses (1 Tes. 3:6-10) sugiere que las noticias de allí eran buenas. La iglesia de Filipos puede haber mandado una ofrenda (ver Fil. 4:10-16). Si es así esto hubiera liberado a Pablo de su dependencia como fabricante de tiendas. Preservó cuidadosamente su independencia financiera del campo en que trabajaba, pero recibió ayuda de iglesias que había establecido previamente. Con un nuevo sentido de fuerza, Pablo trabajó en la misión en la cual se había lanzado desde Antioquía muchos meses antes. Los amigos de Pablo, Silas y Timoteo, le recordaban su relación con las iglesias de Antioquía y Listra. Jerusalén estaba representada por Silas (ver Hechos 15:27, 32, 40), y compartía así aquella misión. Pablo fue alentado en el trabajo y siguió adelante a un ritmo acelerado.

A los gentiles (18:6-8)

El cambio de Pablo se hizo evidente a los judíos en Corinto. Las relaciones habían sido pacíficas en la sinagoga, pero la predicación de Pablo adquirió un nuevo poder. Algunos de los judíos fueron llevados hasta la blasfemia en su rechazo de Jesús. Reconocieron en Pablo una amenaza para su fe tradicional. Se organizó la posición y la ruptura se hizo inevitable. En una dramática escena, Pablo "sacudiéndose los vestidos" (v. 6) anunció su vuelta a los gentiles. Los judíos rechazaron a Pablo y él se volvió a los gentiles. La sinagoga ya no podía soportar la levadura del evangelio en su rápido crecimiento.

La casa de Justo (algunas versiones dicen "Tito Justo") estaba junto a la sinagoga. Después que Pablo declaró que estaba llamado a los gentiles, fue a la casa de Justo. Este era un gentil temeroso de Dios, que había llegado a convencerse de que Jesús era el Mesías. Desafortunadamente para la sinagoga, muchos de sus mejores candidatos creyeron en el evangelio y fueron bautizados (v. 8). La pérdida, por parte de los judíos, de Crispo, principal de la sinagoga, fue un golpe fuerte e hizo más difíciles las relaciones con los judíos de la sinagoga. Pablo no parece haberse preocupado por la ruptura; por lo contrario, buscó fervientemente testificar a los corintios de cualquier raza y fe. Como resultado, muchos fueron bautizados (v. 8) Aunque la iglesia estaba compuesta mayormente de gentiles, algunos judíos como Crispo (v. 8) estaban también en ella.

Una nota interesante en 1 Corintios 1:14-16 se relaciona con el bautismo de los convertidos por parte de Pablo. En su reprensión a los cristianos corintios, que tenían celos mutuos de sus líderes, Pablo se refiere a que él bautizó a Crispo y a Gayo. A la vez, Pablo recuerda que él había bautizado al primer convertido corintio, Estéfanas (1 Cor. 1:16). Más allá de las personas nombradas, Pablo escribe: "a ninguno de vosotros he bautizado". Al parecer, la venida de Silas y Timoteo alivió a Pablo de la necesidad de bautizar él mismo.

Una visión de reafirmación (18:9-11)

Rechazado por los judíos, separado de la sinagoga, Pablo y sus amigos estaban ahora expuestos al mundo gentil. Quizá el éxito del ministerio en Corinto resultó ser embarazoso y peligroso. Ya estable cido el trabajo, ¿debía dejar la ciudad antes de que aparecieran problemas? ¿Sería sabio arriesgar otra situación que llevara a una fianza? Eso significaría un peligro para los nuevos cristianos. La oposición de los judíos en la cercana sinagoga era un continuo problema; Pablo debe haber luchado buscando una dirección clara.

Recibió seguridad a través de una visión (vv. 9, 10). ¿Había pensado en ir de vuelta a Tesalónica para darles el necesario alimento? (Ver 1 Tes. 3:10). Cualquiera que sea el caso, el Señor habló a Pablo tan claramente como en la visión macedónica en Troas. Sus directivas fueron como sigue: (1) Quédate aquí y habla con valor (v. 9); (2) Yo estoy contigo (v. 10); (3) no vendrá sobre ti ningún mal (v. 10); (4) he reclamado a Corinto como mi propiedad (v. 10). Pablo quedó convencido por la visión; permaneció en Corinto por un año y medio. Esto parece ser su más larga estadía hasta la que pasó en Efeso.

Hechos no ofrece detalles de su extenso ministerio, excepto para indicar que Pablo estuvo "enseñándoles la palabra de Dios" (v. 11). ¿Indica esta declaración que los convertidos venían tan fácilmente a la casa de Justo, que el trabajo de Pablo era principalmente el de enseñar? La breve declaración que se hace en el versículo 11 puede señalar el ministerio corintio como similar al de Antioquía de Siria, donde Bernabé y Saulo "enseñaron a mucha gente" (11:26). ¿Estaba Corinto destinada a ser la Antioquía del occidente?

Corinto llegó a ser el centro de Acaya. Los detalles que aparecen en las cartas a esa iglesia sugieren que Pablo y sus amigos establecieron allí una iglesia fuerte. La persecución no pareció ser un problema, y los miembros tuvieron libertad para desarrollar sus dones espirituales. Los nombres de los cristianos citados en las cartas sugieren el intenso trabajo hecho durante ese período. Los problemas de organización no interesaban a Lucas. Estaba más interesado en el establecimiento de la iglesia y la defensa de la fe cristiana a la luz de la ley romana.

Juicio ante Galión (18:12-17)

Hay poco en Hechos que nos dé ayuda para fechar los acontecimientos. Los primeros tres capítulos del Evangelio de Lucas, por el otro lado, ofrecen detalles sobre gobernantes y sucesos históricos. La mención de Galión en 18:12 es uno de esos pocos detalles en Hechos. Su llegada a Corinto como procónsul ofrece una posible fecha sobre la cual puede basarse una cronología.[4] Esta referencia, sin embargo, no es definitiva. Sólo podemos suponer que cuando Galión llegó a ser procónsul en el año 51 o 52, los judíos al parecer aprovecharon su presunta inexperiencia para hacer su ataque legal a Pablo.

Este había gozado de un prolongado y pacífico ministerio en Corinto. Cuando Galión llegó allí, los judíos se unieron para arrastrar a Pablo ante el tribunal del nuevo magistrado. Hechos sugiere que todos los judíos de Corinto se movieron contra Pablo simultáneamente. Su paciencia estaba agotada por su predicación, y decidieron que debía hacerse una acusación ante un gobernador romano. Su desesperación indica el éxito de la misión cristiana. Los líderes judíos de Jerusalén se habían ganado la simpatía de Pilato en una época anterior, pero Galión no fue confundido por sus acusaciones de actos ilegales (v. 13). La acusación es similar a la que hicieron en Filipos (16:21), aunque allá fue hecha por gentiles y no por judíos. Era una acusación religiosa y no política. Es de suponer que los judíos no se hubieran atrevido a hacer una acusación política contra cualquiera. La creciente tensión entre judíos y romanos lo impedía.

El judaísmo era una religión legal y disfrutaba de ciertos derechos bajo la ley romana. Se veía con desagrado que se difundiera el proselitismo entre los romanos, pero los judíos eran relativamente libres de la interferencia romana en sus actividades religiosas. La estrategia de los judíos parece haber sido lograr una separación clara entre judaísmo y cristianismo. Presentado así como no judío, el cristianismo podría haber sido juzgado como una religión ilegal.

Pablo estaba a punto de presentar su defensa ante Galión cuando el juez habló. De la declaración hecha por Galión surge que tenía experiencia previa con esas acusaciones judías. Se sentía molesto ante la perspectiva de una disputa religiosa, y se negó a hacer un juicio. En su rechazo de los cargos hay cierto grado de reinvindicación del cristianismo. Sin embargo, el encuentro que pudo haber producido un diálogo entre Pablo y Galión, fue improductivo a causa de la indiferencia de Galión. Sóstenes, el dirigente de la sinagoga, estaba cerca y soportó el peso de la frustración de los judíos. Fue golpeado por la perturbación que había causado. Una vez más Galión no intervino. Es interesante notar que un Sóstenes es citado en 1 Corintios 1:1 como hermano de Pablo, y que Pablo escribe desde Efeso (1 Cor. 16:8).

3. Verdad para hoy

La verdad cristiana es profunda y simple a la vez. Tiene una apelación para el instruido y el ignorante. Nuestra misión es la de ser testigos eficaces a todos los hombres en cualquier situación. Debemos aprender a aplicar la verdad cristiana a la vida en todos los estados en que la encontremos.

El amor de Dios se extiende a todos. En Atenas se nombran dos convertidos: Dionisio el areopagita y "una mujer llamada Dámaris" (17:34). ¿Cuál de los dos recibiría más atención si se uniera a una iglesia hoy?

El número de convertidos puede no ser una medida válida de efectividad. No debemos juzgar la efectividad de Pablo en Atenas por los pocos convertidos que ganó allí. Pablo luchó con muchos factores en la colina de Marte. Ganó convertidos; la tradición sostiene que esos convertidos establecieron una iglesia. Hoy sabemos que Atenas es una fortaleza del cristianismo ortodoxo griego. Corinto, donde Pablo tuvo muchos convertidos, no es lejanamente tan significativo hoy.

Un pastor necesita el apoyo de amigos interesados para que su ministerio sea totalmente efectivo. Pablo fue mucho más eficaz en Corinto después que Silas y Timoteo se unieron con él allí. Le dieron el necesitado apoyo espiritual y emocional; presumiblemente le ayudaron en asuntos como el bautismo de los nuevos convertidos.

Un pastor puede verse sumergido en detalles del trabajo de la iglesia, y tener poco tiempo libre para el ministerio de la predicación, la enseñanza y el cuidado de las almas. Los miembros de la iglesia pueden ayudarle tomando la responsabilidad de las necesidades financieras de la iglesia y los detalles del trabajo eclesiástico. Esto es trabajar juntos.

La verdad cristiana puede ser fuente de división. Cuando la verdad cristiana es presentada y entendida claramente, separa a aquellos que la aceptan de los que la rechazan. Los judíos de Corinto reconocieron el conflicto entre su interpretación de la tradición judía y la interpretación paulina de su cumplimiento en Cristo. Una dificultad básica de la iglesia de hoy es el rechazo de algunos de sus miembros de hacer la necesaria ruptura entre la cultura y las demandas de la verdad cristiana.

Dios se interesa por la ciudad. Sus dirigentes lamentablemente a menudo desafían esta verdad. Su influencia se extiende mucho más allá de sus límites. Su materialismo niega la realidad espiritual. Sus valores morales desafían los conceptos morales divinos. Su cultura desafía a su Iglesia. Por lo tanto, Dios ha puesto a su pueblo en las ciudades, así como en los pueblos y el campo.

---

[1] Probablemente será de ayuda leer un artículo sobre estas dos filosofías. Un diccionario bíblico o una enciclopedia traerán un bosquejo que indicará sus creencias. La mayoría de los comentarios de Hechos tendrán una ayuda. Dos ejemplos son B. B. Rackham, *The Acts of the Apostles* (Londres, Methuen and Co., 1939), pp. 303, 306; Leander E. Keck, *Mandate to Witness* (Valley Forge, The Judson Press, 1964), pp. 109-111, 114.

[2] Keck, *op. cit.*, p. 110.

[3] De ese modo la cita de uno de sus poetas "Porque somos también su retoño", fue interpretada con criterio cristiano, aunque originalmente fue utilizada en sentido pagano. Frecuentemente es adjudicada a Arato, un estoico de Cilicia, y es en cierta manera una declaración doctrinal del estoicismo. La idea de "retoño" (simiente) se centra en una relación natural y está cerca de la de "hijo" que el cristiano disfruta con su Padre celestial.

[4] Una referencia similar en Hechos 24:27 señala el cambio de gobernadores en Cesarea.

9

Un Centro Misionero: Efeso

Hechos 18:18—21:14

Un pastor puede permanecer en un campo por varios años, ministrar fielmente y extender tranquilamente su ministerio a puntos misioneros cercanos. Quizá reciba poco reconocimiento por su trabajo. Entonces se traslada. Quizá su nuevo trabajo es más amplio; se habla más de él. Sin embargo, el patrón de su trabajo es casi el mismo de antes. ¿Quién puede decir que un trabajo es más digno que el otro?

El ministerio de Pablo en Efeso recibió más eco en Hechos que el de otros lugares. Lucas usa aproximadamente sesenta versículos para Efeso, en comparación con treinta para Filipos y dieciocho para Corinto. Además, hay más escritos de Pablo incluidos en el Nuevo Testamento escritos desde Efeso que de cualquier otro de los centros que hemos estudiado. Sin embargo, no podemos decir que el ministerio de Pablo en Efeso fue el más importante. Más bien, podemos decir que la vida de Pablo en Efeso fue productiva, quizá aun peligrosa.[1]

Las cartas a los corintios y a los romanos ofrecen algunos detalles sobre una de las actividades de Pablo mientras estaba en Efeso: la colecta para los pobres en Jerusalén. Esta colecta fue un asunto de gran importancia para Pablo, pero apenas fue apuntada por Lucas. Igualmente, la tradición cristiana ha atribuido importancia a Efeso como lugar de uno de los encarcelamientos de Pablo. Si esto es verdad, entonces algunas de las cartas de la prisión pueden haber sido enviadas desde Efeso y no desde Roma.[2]

Parece que Pablo alcanzó las comunidades cercanas desde Efeso.

El valle del río Lico era atrayente, en especial las poblaciones de Colosas, Hierápolis y Laodicea (Col. 2:1; 4:13). La capital de la provincia de Asia era un centro natural para tal extensión. Lucas también incluye el trabajo de Timoteo y Erasto en Macedonia (19:22). La acusación de Demetrio (19:26) indica que la influencia de Pablo se extendió por toda la provincia.

1. Enfoque a Efeso (18:18-23)

Por muchos años Pablo pudo haber mirado a Efeso como un presunto centro misionero. La visita a Chipre con Bernabé y Marcos le había introducido a una misión anterior a Galacia. Después del concilio de Jerusalén, Pablo y Silas salieron por tierra con un destino que pudo haber sido Efeso. Informaron de las decisiones del concilio a las iglesias establecidas previamente, pero el Espíritu "les prohibió hablar la palabra en Asia" (16:6). Luego vinieron los ministerios de Macedonia y Acaya. En Corinto, parece que Pablo se estableció para un largo ministerio, pero Efeso permanecía como una meta por delante.

Pablo tomó a Aquila y Priscila consigo desde Corinto. Eran amigos firmes y valiosos colaboradores. Se establecieron deliberadamente en Efeso (18:19). Mientras estaban en aquella primera visita Pablo adoró en la sinagoga y presentó su testimonio cristiano. Sin embargo, su ministerio estaba limitado por sus planes, y prometió volver en un tiempo posterior. Su ministerio en Efeso estuvo así planeado de antemano y sus amigos, Aquila y Priscila fueron dejados para preparar el camino. Pablo puso vela hacia Cesarea (vv. 21, 22).

No hay detalles registrados de las visitas de Pablo a Cesarea, Jerusalén[3] y Antioquía, pero sus informes a cada una de esas iglesias deben haber sido interesantes. El hecho de que no haya información sobre estas visitas nos recuerda que la presentación de Lucas no es exhaustiva. Cuando Pablo dejó Antioquía, se movió por tierra hacia la provincia de Asia. En ruta visitó Galacia y Frigia, pero esto fue sólo un preludio del ministerio en Efeso.

2. Ministerio entre los judíos (18:24—19:9)

El trabajo de Aquila y Priscila (18:24-28)

Aquila y Priscila habían permanecido en Efeso, aparentemente para preparar la misión posterior de Pablo. Un ejemplo de esta preparación fue su trabajo con Apolos.

La visita de Apolos a Efeso recuerda al lector que otros obreros, no relacionados con la misión paulina, estaban llevando las buenas nuevas al mundo mediterráneo. La educación de Apolos en Alejandría pudo haber sido de calidad comparable a la de Pablo en Tarso. Alejandría de Egipto había sido un centro educativo por mucho tiempo. Allí se habían establecido muchos judíos que aprovechaban ese hecho.

A Apolos le faltaba algo en su conocimiento y experiencia cristianos. Enseñaba adecuadamente los hechos de la vida y el ministerio de Jesús. Era entusiasta y valiente en su testimonio. Como Pablo, comenzó su trabajo en la sinagoga. De hecho, probablemente Aquila y Priscila lo encontraron allí; ellos también asistían a la sinagoga. No obstante, cuando oyeron a Apolos, supieron que necesitaba ayuda. La gentil pareja le tomó y "le expusieron más exactamente el camino de Dios" (v. 26).

Cuando Pablo decidió ir a Corinto, "los hermanos le animaron" (18:27). Esta frase implica que alguien más que Aquila y Priscila estaba envuelto en los consejos. Al parecer, judíos simpatizantes o cristianos estaban relacionados lo bastante estrechamente con Corinto como para ejercer alguna influencia allí. En Corinto Apolos seguramente entró en contacto estrecho con la interpretación paulina del evangelio. Sin embargo, hay evidencia en las cartas a los corintios (1 Cor. 1:12; 3:5, 6, 21, 22; 4:6; 16:12) de que el entusiasmo de Apolos y quizá su inmadurez crearon problemas en aquella iglesia.

Este breve interludio (18:24-28) revela algunas diferencias en el pensamiento cristiano primitivo. También sugiere la posibilidad de que muchos testigos cristianos estuvieran trabajando. Sin embargo, Lucas —bajo la dirección del Espíritu Santo— ayudó a que la comprensión e interpretación paulina del evangelio fuera la enseñanza aceptada.

Pablo y los seguidores de Juan el Bautista (19:1-7)

Cuando Pablo llegó a Efeso Apolos ya se había ido a Corinto (v. 1). En Efeso Pablo encontró discípulos que no comprendían totalmente la fe cristiana (vv. 2-4). Lucas no registra cómo estaban relacionados estos discípulos con Apolos. El multifacético ministerio de Pablo se pone de relieve por su contacto con ellos. Una historia completa de los discípulos de Efeso es imposible porque faltan detalles importantes. Sabemos que carecían de conocimiento sobre la presencia y obra del Espíritu Santo. Quizá eran discípulos celosos de Juan el Bautista, así como de Jesús. Sabían del ministerio de Juan y del de Jesús. Sin embargo, Jesús mismo no bautizaba (Juan 4:2) y ellos pueden haber preferido el bautismo de Juan por encima del de los discípulos de Jesús.

No obstante, el problema era más complejo que el de quién los bautizó. Los discípulos de Efeso no habían recibido el Espíritu Santo. ¿Acaso su creencia representaba una tradición de Alejandría?[4] El bautismo cristiano simboliza la muerte al pecado; también simboliza la resurrección a una nueva vida. Los discípulos de Efeso con su lealtad al líder pasado y muerte de algún modo habían impedido una experiencia vital del Señor interior. Pablo colocó a Juan y Jesús en una perspectiva adecuada, una perspectiva que Juan mismo hubiera aceptado (Lucas 3:15-17). Fueron bautizados "en el nombre del Señor Jesús" (v. 5). Pablo les impuso las manos (v. 6) y ellos dieron evidencia de la presencia del Espíritu Santo en sus vidas (v. 6)

En la sinagoga (19:8, 9)

De manera coherente con sus misiones previas, Pablo continuó su trabajo con los judíos. Aquila y Priscila pueden haber testificado antes en la sinagoga de Efeso, pero cuando llegó Pablo se rompió la calma. No obstante, por un período de tres meses, Pablo trabajó pacientemente en la sinagoga. Su tema con los judíos era el reino de Dios (v. 8) y habló clara y valientemente. Como había sido en todas partes, pronto surgió la oposición. Era imposible para Pablo continuar en la sinagoga. Se trasladó sencillamente con los discípulos cristianos a la escuela de Tiranno. De acuerdo con un manuscrito, las sesiones regulares en la escuela estaban limitadas a horas matutinas y nocturnas. De ese modo, el salón estaba libre para Pablo y sus amigos por las tardes.

3. Exito con los gentiles (19:10-22)

Extensión del ministerio (19:10)

En un solo versículo Lucas resume el ministerio en Efeso: "Todos los que habitaban en Asia, judíos y griegos, oyeron la palabra del Señor Jesús" (v. 10). Durante ese período de dos años, la influencia de la misión fue extendida desde la ciudad capital a la provincia como un todo. El salón de Tiranno debe haber sido una colmena de actividad, aunque es difícil imaginar a Pablo confinado en un lugar. Asia fue muy destacada en la historia primitiva de la iglesia; todas las iglesias a que se destinan cartas en el Apocalipsis eran de esa provincia. A lo que Pablo pudo alcanzar debe agregarse lo que lograron otros, entre ellos

Juan, el desterrado en Patmos. Era bien conocido en Efeso. Sin embargo, su actividad parece ser más tardía que la de Pablo.

Representantes de Corinto vinieron a visitar a Pablo en Efeso. Es posible que él, así como sus amigos, hiciera una visita a Corinto durante este período. Si esto fue así, Lucas no lo registra. Lucas subrayó el ministerio estable de Pablo en Efeso, con su enseñanza diaria en el salón de Tiranno y su amplia influencia. Ese ministerio, después de un poco, comenzó a competir tanto con los líderes judíos como con los comerciantes judíos.

Establecimiento de la misión de Pablo (19:11-20)

Después de una declaración sucinta (v. 10) Lucas enfatiza el poder sobrenatural de la fe cristiana (Por ejemplo, Lucas no da detalles de las enseñanzas éticas de Pablo, tal como están contenidas en las cartas a los corintios desde Efeso.) Los efesios fueron atraídos por estas obras milagrosas. Ellos las interpretaron según sus propias supersticiones. Por ejemplo, el exorcismo de demonios era ampliamente practicado en el mundo antiguo. Un grupo de exorcistas judíos fueron testigos de la forma en que Pablo echaba los demonios. Por ello, siete hijos de un sacerdote judío llamado Esceva, se enfrentaron con un endemoniado. Trataron de echar al demonio diciendo: "Os conjuro por Jesús, el que predica Pablo" (v. 13).

No se puede leer el relato sin descubrir el humor de la situación, el mal espíritu respondió: "A Jesús conozco, y sé quién es Pablo; pero vosotros, ¿quiénes sois?" (v. 15). El mal espíritu entonces atacó a los siete; huyeron desnudos y heridos por la paliza. Las lecciones de este episodio son simples: (1) El poder espiritual no es transferible, sino que debe surgir de su fuente, el Espíritu Santo;[5] (2) el poder espiritual no está en las palabras dichas, ni siquiera en el nombre de Jesús, sino en una relación vital con él y (3) el poder espiritual, aun del mal tipo, es mayor que el físico. La historia debe haber sido repetida muchas veces antes de que Lucas la consignara.

Los milagros atrajeron a muchos judíos y griegos. Algunos fueron muy sorprendidos por ellos; el nombre de Jesús fue ensalzado. Algunos creyeron y confesaron abiertamente sus pecados y su fe. Algunos lanzaron a la hoguera públicamente aquellos libros que les habían desviado a ellos y a otros. El efecto del evangelio en Asia fue sorprendente. Su poder sobre la superstición afianzó el ministerio de Pablo en Efeso. "Así crecía y prevalecía poderosamente la palabra del Señor" (v. 20).[6]

Planes futuros (19:21, 22)

Lucas indica que Pablo había planeado dejar Efeso antes del tumulto instigado por Efeso (ver vv. 21, 22). El sentido de Pablo en cuanto a ser dirigido parece ser más claro que en una etapa anterior. Llevaba a cabo planes bien trazados. Esperaba visitar Filipos, Tesalónica, Berea, Atenas y Corinto. Después de eso, Pablo planeaba viajar a Jerusalén, donde llevaría la ofrenda de las iglesias de los gentiles. Más allá Roma le atraía hacia occidente. La ciudad imperial debía ser visitada.

Mientras tanto, Pablo envió a dos representantes de confianza, Timoteo y Erasto, a Macedonia (v. 22). Probablemente estos fueron dos de muchos que despachó desde Efeso a zonas familiares o no. Pablo mismo quedó en el centro misionero.[7]

4. Problemas con los intereses creados (19:23-41)

Los hilos de la religión y el comercio en Efeso estaban entrelazados en un patrón muy cerrado. La adoración de Artemisa producía la demanda de ciertos productos. La manufactura de esos productos producía un beneficio. De ese modo, el uno reforzaba al otro. Cuando estos intereses creados fueron amenazados por el evangelio, llegó la oposición.

Socios en el culto y el comercio (19:23-27)

Demetrio era el líder de la liga de plateros en Efeso. Su principal negocio era la manufactura de estatuillas de plata con la forma de la diosa Artemisa (Diana) o de su templo en Efeso. El templo era una de las siete maravillas del mundo antiguo, cuatro veces más grande que el Partenón. Cuando fue incendiado en el siglo IV a. de J.C., fue reconstruido inmediatamente.[8] No sólo servía de lugar de adoración, sino también como banco para los reyes, ciudades e individuos. Los altares de plata probablemente eran vendidos a los adoradores, que los presentaban al templo como acto de culto. Buena parte de la plata podía ser fundida y vuelta a vender a los plateros. Claramente el culto del templo, así como los plateros, sacaban provecho del negocio. Cualquier persona que amenazara ese arreglo estaría en peligro.[9] Este peligro podía ser especialmente grave en el tiempo de las fiestas de Artemisa en marzo y abril.

Tumulto en Efeso (19:28-34)

Alrededor del tiempo en que Timoteo y Erasto partieron para Macedonia, Pablo parece haberse trasladado al Asia con renovado vigor.[10] El testimonio de Demetrio (19:26) es una verdadera alabanza a la misión cristiana. Los convertidos del culto de Diana a la fe cristiana parecen haber sido muchos. Efeso estaba a punto para un tumulto; la ciudad pronto "se llenó de confusión" (v. 29). La turba aullante ("Grande es Diana de los efesios") atropelló a los macedonios Gayo y Aristarco, que eran compañeros de Pablo. Algunas versiones agregan "de viaje". Esta alusión a los compañeros indica algo de la expansión del ministerio efesio.

Cuando Pablo trató de entrar al teatro, diseñado para no menos de 24.000 personas, funcionarios amigos le hablaron para sacarlo de allí (v. 31). Esas autoridades, llamadas "asiarcas", eran hombres prominentes que promovían el culto al emperador en Asia. Los delegados de las ciudades principales de cada provincia formaban un concilio que la supervisaba. El culto era de carácter político-religioso, más político que religioso. El presidente del concilio actuaba como sumo sacerdote y ejercía funciones durante un año. Aparentemente, Pablo había llegado a ser amigo de algunos de ellos. La confusión en la turba debe haber impedido que Pablo hiciera cualquier exposición lógica de su posición. Era preferible que Pablo se quedara afuera. Para ver eso, basta examinar la respuesta de la turba a Alejandro, a quien los judíos pusieron por delante en un esfuerzo de aclarar su posición. El antisemitismo, combinado con los leales locales, le dominó con gritos de alabanza a Diana.

Acción del escribano (19:35-41)

Efeso era una ciudad libre con una reunión municipal planeada regularmente. La autoridad de esa reunión estaba en un funcionario, aquí llamado escribano. Era normal que fuera él quien se dirigiera a la multitud en el teatro. Tal como Lucas las recuerda, sus indicaciones fueron simples y estaban destinadas a calmar a la asamblea. Pueden resumirse así: Artemisa (Diana) es la diosa de los efesios, no importa qué se diga. Su imagen quizá un tronco tallado toscamente y decorado con pechos como diosa de la fertilidad) se sabía que era "venida de Júpiter" (v. 35). Ni Pablo, ni Gayo, ni Aristarco la habían difamado. No habían saqueado el templo. Además, cualquier cargo debía hacerse en la corte o ante el procónsul. Había fechas de asambleas regulares para asuntos así. Si Roma oía de aquello, ¡ay de Efeso (Ver vv. 35-41).

Después de aquellas indicaciones, el escribano despidió a la asamblea y de ese modo la misión de Pablo permaneció sin ataques de un oficial romano responsable. Sin embargo, una nueva predicación de Pablo sólo podría haber agravado la tensa situación. De hecho, sus oponentes habían sido culpados del motín. De cualquier modo, él planeó dejar. Era el momento oportuno.

La fe cristiana no siempre ha sido afortunada en la lucha con los intereses creados y la adoración tradicional.

5. Partida de Efeso (20:1-16)

A través de Macedonia y Grecia (20:1-3)

Timoteo y Erasto ya habían sido enviados a Macedonia. Ahora Pablo les siguió, "después de recorrer aquellas regiones" (20:2). Con seguridad, la iglesia de Filipos recibió las gracias personalmente por su bondad. También se prestó atención a Berea. Una breve referencia en 2 Corintios 2:12 a una visita a Troas en camino a Macedonia, también puede corresponder a este viaje, aunque la visita a Troas puede haber tenido lugar antes. La referencia a Grecia presumiblemente indica a Corinto más bien que Atenas. Pablo pasó allí tres meses. Generalmente se supone que la carta a la iglesia de Roma fue escrita durante este período.[11]

Preparación para la ofrenda (20:4-6)

El complot de los judíos contra Pablo "para cuando se embarcase para Siria" (v. 3) parece una pequeña nube ante la tormenta que se preparaba en Jerusalén. El había atraído judíos a Cristo continuamente, y los había alejado de su culto tradicional. Amén de eso, había creado problema para los judíos, tanto en Corinto como en Efeso. Sin embargo, había otra zona de gran interés para los judíos. Efeso era un centro para las donaciones judías para el templo de Jerusalén. El ministerio de Pablo en Efeso había tenido éxito tanto entre los judíos como entre los gentiles. Su obra puede haber perjudicado las ofrendas para el templo.

Durante el tiempo del ministerio efesio (que se extiende desde Hechos 18:18 hasta 20:38), Pablo y sus amigos habían estado reuniendo dinero para los pobres de Jerusalén. Sentía que este servicio de iglesias esencialmente gentiles a la iglesia de Jerusalén podía ligar más fuertemente los lazos de ambos segmentos del cristianismo. Trató de implicar a tantas iglesias gentiles como pudo.

Lucas no incluye en Hechos un relato de esa ofrenda.[12] En sus cartas, Pablo parece darle mucho significado (ver Rom. 15:26; 1 Cor. 16:1-4; 2 Cor. 9:1-8). Aunque Lucas no trata sobre la ofrenda, sí incluye el nombre de aquellos que representaban las distintas provincias en las que Pablo había trabajado (vv. 4, 5). Es de suponer que estas personas llevaron ofrendas de las iglesias de esas provincias y acompañaron a Pablo a Jerusalén.

Es notable el cuidado de Pablo en la ofrenda (2 Cor. 8:19-22). Era levantada en las iglesias de Galacia (1 Cor. 16:1), Acaya (1 Cor. 16:2; 2 Cor. 8:10-15) y Macedonia (2 Cor. 8:1-5). Estas referencias a la ofrenda pertenecen al ministerio efesio. Roma también fue informada del plan de Pablo (Rom. 15:25-27). La ofrenda era un esfuerzo conjunto, en el cual muchas iglesias trabajaban juntas en la misión de Cristo.

Una visita a Troas (20:7-12)

El intento original de Pablo de embarcarse hacia Siria fue alterado por las noticias de un complot de los judíos. Los otros partieron inmediatamente para Troas y esperaron la llegada de Pablo allí después de la pascua. El esperaba estar en Jerusalén unas siete semanas después, para la época de Pentecostés (Hechos 20:16). Es significativo que el "nosotros" es retomado en Hechos 20:5, lo que indica que Lucas se había unido a Pablo para el viaje a Troas. Quizá Pablo le dijo del motín en Efeso en aquel tiempo. Esto explicaría el detalle con el cual es registrado.

En el relato de la estadía de una semana en Troas, hay un inapreciable, aunque breve, relato de un servicio en la iglesia. Al parecer Pablo estaba esperando un barco para ir a Siria durante los siete días mencionados (v. 6). En el primer día de la semana, los cristianos se reunieron para partir el pan. ¿Era esa una comida regular o es una referencia a la cena en memoria del Señor? Probablemente el servicio tuvo lugar luego de terminada la jornada laboral. Pablo predicó la palabra hasta medianoche (v. 7). Como éste pensaba partir al día siguiente, puede haber sido planeada una vigilia de toda la noche. El lugar de la reunión, al parecer, era una casa privada, donde podía usarse una habitación alta amplia. Muchas lámparas de aceite daban luz, así como ornamentación. (Los judíos comenzaban el sábado colgando una lámpara en la ventana, y los gentiles celebraban sus festivales con muchas luces de ese tipo.)

El calor y el humo de tantas lámparas fue demasiado para un joven llamado Eutico. Desafortunadamente, estaba sentado en una ventana. Después de quedar dormido, se cayó al suelo más abajo y se consideró que estaba muerto. Lucas informa de la atención que Pablo dio a Eutico y sus seguridades a los demás amigos (v. 10). Después de un poco, la congregación continuó su servicio. Se mantuvieron en fraternidad hasta que rompió el día.

Sobrepasando Efeso (20:13-16)

Desde este punto la narración se lee casi como el diario de un viajero. Lucas quedó en el barco; Pablo hizo parte del viaje por tierra y parte embarcado. Quizá la nave se detenía todas las noches. Si era así, eso explicaría el cuidadoso registro que hace Lucas de las ciudades visitadas: Asón, Mitilene, Quío, Samos y Mileto (vv. 14, 15). Pentecostés se aproximaba; por eso Pablo no podía invertir tiempo en Efeso. Como Mileto estaba a sólo 65 kilómetros de Efeso, Pablo pidió a los líderes de la iglesia de Efeso que se encontraran con él allí (v. 17).

6. Encargo a los líderes de la iglesia (20:17-38)

La organización de la vida de iglesia en Efeso parece haber sido relativamente simple. Cuando Pablo partió después del tumulto, exhortó a los "discípulos" (20:1). Desde Mileto mandó buscar a los "ancianos" (20:17). También había nombrado ancianos en otras iglesias (14:23). Da la impresión de que Pablo seguía el patrón de la sinagoga judía a este respecto. Lucas parece no preocuparse para nada con el tema de la organización de la iglesia.

El mensaje de Pablo es el único ejemplo que tenemos en el Nuevo Testamento de un sermón a líderes de la iglesia. Es básicamente un encargo pastoral. Puede dividirse en tres partes: (1) Revisión de Pablo de su ministerio en Efeso (vv. 18-27); (2) Encargo de Pablo a los líderes de la iglesia (vv. 28-31) y (3) despedida de Pablo (vv. 32-35).

Revisión del ministerio de Efeso (20:18-27)

A lo largo de todo su breve discurso (vv. 18-27), Pablo se presenta al lector como algo a la defensiva. Después de todo, el ministerio de Pablo en Efeso había sido tormentoso en algunos puntos, y siempre variado. No obstante, él había sido fiel en su enseñanza pública y en el ministerio de casa en casa. Había presentado valientemente toda la verdad. Su vida en medio de ellos había sido intachable. No era culpable de codicia; había mantenido su ministerio haciendo tiendas. Pablo subrayó estos asuntos al revisar sus relaciones con los efesios. Quizá quería enfatizar su motivación, así como sus procedimientos. Estos líderes de la iglesia podían aprender de su ejemplo.

Encargo a los líderes de la iglesia (20:28-31)

Pablo se dio cuenta de que su planeada visita a Jerusalén estaba llena de peligros, y que él podía estar diciendo sus palabras finales a los líderes de la iglesia de Efeso. Su encargo a los ancianos los identifica como "obispos" (v. 28). La Biblia de las Américas traduce la palabra como "supervisores". La referencia es a la función, no al puesto. El término significa que el Espíritu Santo les ha dado lugares de servicio; debían ministrar fielmente a los miembros del rebaño. Era la iglesia del Señor, no de los ancianos, ni aun de Pablo mismo. El apóstol les recuerda el lugar de ellos como siervos del Señor en la iglesia. De ese modo los ancianos fueron advertidos: "Mirad por vosotros y por todo el rebaño" (v. 28). Debían velar (v. 31) sobre el grupo para que no surgieran entre ellos hombres perversos; debían "ayudar a los necesitados" (v. 35) y "recordar las palabras del Señor Jesús" (v. 35). Eran los responsables del bienestar de la iglesia.

Despedida de Pablo (20:32-35)

Las palabras de despedida de Pablo no están confinadas a los versículos finales. De hecho, todo el discurso es de despedida. La incertidumbre que Pablo expresaba en cuanto a su visita a Jerusalén (vv. 22, 23) es realista. Su valoración sugiere que Pablo había mantenido contacto con amigos allá. Esta visita, con su intención de ligar los segmentos gentiles y judíos de la iglesia, sería el clímax de su misión (v. 26). Mientras tanto, la iglesia de Efeso enfrentaba días críticos. Su amor por ella es claro en el uso de figuras pastorales: el rebaño sería amenazado por lobos.[13]

Varios aspectos únicos se incluyen en estas breves palabras de Pablo. Se refirió a un ministerio de "tres años" (v. 31) en Efeso. Esto puede ser aproximado, dado que sólo tenemos información de veintisiete meses. La referencia a la gracia de Dios "que tiene poder para sobreedificaros y daros herencia con todos los santificados" (v. 32) parece reflejar la propia experiencia de Pablo. Se incluye una palabra de Jesús que no aparece en otra parte del Nuevo Testamento: "Más bienaventurado es dar que recibir" (v. 35). Esta bienaventuranza no aparece ni en las de Mateo ni en las de Lucas. Ciertamente es un claro reflejo del ministerio de Jesús, y fue una guía para el propio ministerio de Pablo en Efeso y en todas partes.

Los líderes de la iglesia sintieron el carácter final de la despedida, y con lágrimas vieron cómo Pablo se embarcaba para Siria. Esto señala el fin del ministerio de Efeso, el más largo y quizá el más productivo en la carrera del apóstol.

7. *Yendo a Jerusalén (21:1-14)*

El interés de Lucas en los detalles del viaje se hace más evidente al continuar su relato. Es fácil seguir el curso del grupo en un mapa de la zona mediterránea en el siglo I. Pablo no viajaba en navíos alquilados; este era un barco de carga. Encontraba amigos en todas partes, y esto retrasaba su viaje. En Tiro, aunque no hay relato de un ministerio previo allí, rápidamente encontró a "los discípulos" (21:4) y permaneció por una semana. Se preservan pocos detalles de esta reunión, pero sí sabemos que sus amigos le advirtieron de los peligros en Jerusalén (v. 4). Sin embargo, el curso de Pablo estaba fijado. Sus amigos en Tiro le vieron embarcarse en Tolemaida, y entonces volvieron a su ciudad (vv. 5, 6). Pablo quedó en Tolemaida por un día.

Cesarea fue el lugar de una permanencia más larga para Pablo (23:33—26:32). Una figura central entre los cristianos de Cesarea era Felipe, uno de los siete elegidos en Jerusalén para el ministerio a las viudas (6:5). Después de su predicación eficaz en Samaria y su testimonio personal al eunuco etíope, se estableció en Cesarea.

Mientras Pablo estaba visitando a Felipe el profeta Agabo (11:28; 21:10) descendió desde Jerusalén, y en un acto simbólico advirtió del peligro en Jerusalén. El simbolismo era típico de los profetas judíos. Era un doloroso recordatorio del peligro que tenía por delante. En este punto Lucas se unió al grupo tratando de disuadir a Pablo. (Ver el uso de Lucas del "nosotros" en el (v. 11). Otros líderes de la iglesia podrían llevar las donaciones de las iglesias gentiles a Jerusalén, pero Pablo insistió en ser parte de los que realizaran la tarea. Ante la insistencia de Pablo, sus amigos dejaron de rogarle. Declararon simplemente: "Hágase la voluntad del Señor" (21:14).

El número de los versículos dedicado al ministerio efesio indica su significación. También permite un relato detallado de los grandes hechos que ocurrieron allí. El primer incidente fue la instrucción de Pablo a los doce discípulos; el último, la triste escena de Mileto. La acción entre estos hechos refleja la creciente influencia del evangelio y el grave peligro que surgía para los líderes cristianos cuando el evangelio amenazaba el *statu quo.*

Los hechos en Efeso describen a Pablo trabajando desde una base establecida. Aunque se movía por el Asia, yendo quizá tan lejos como

Corinto en Acaya, Efeso era el centro. La influencia personal de Pablo, a través del trabajo hecho por él y sus representantes, se extendió a través de la provincia del Asia. El trabajo en Efeso le retrata maduro en el ministerio.

Lucas omite Hechos, sin duda, pero esa verdad subraya dos aspectos; (1) Esos hechos no encuadraban en el propósito de Lucas y (2) las cartas de Pablo suplementan Hechos con detalles de ayuda. La acusación de Demetrio: "En casi toda Asia, (este Pablo) ha apartado a mucha gente con persuasión" (19:26), confirma simplemente la anterior declaración de Lucas: "Todos los que habitaban en Asia, judíos y griegos, oyeron la palabra del Señor Jesús" (19:10).

8. Verdad para hoy

La inmadurez en el pensamiento y crecimiento cristianos ofrece una oportunidad para el pastor y el pueblo. Aquila, Priscila y Pablo trataron pacientemente con Apolos y los doce discípulos de Efeso. ¡Un cristiano nominal tiene tanta necesidad de todo el evangelio como alguien que nunca lo ha oído!

En la obra cristiana, la meta de ganar personas para Cristo es constante; las tácticas pueden cambiar. Para Pablo, el haberse trasladado de la sinagoga era mejor que continuar enfrentando a los judíos quedándose a predicar allí. Las iglesias, los líderes y los obreros cristianos a veces necesitan enfrentar situaciones cambiantes con el coraje y la adaptabilidad que tuvo Pablo.

El poder del evangelio afecta toda la vida de una persona. Los libros que una persona lee pueden atar su alma. Cuando algunos de los efesios llegaron a ser cristianos, quemaron sus libros que contenían ideas paganas. Los cristianos deben leer material sano. Sin embargo, el cristiano no necesita temer ninguna verdad, sino las medias verdades. Son peligrosas si no se reconoce lo que son.

Un pastor o una iglesia puede esperar oposición cuando son desafiados los intereses creados. Las instituciones sociales, económicas y culturales pueden exigir un precio terrible para el individuo o la iglesia que desafía su autoridad o amenaza su influencia. Sin embargo, el desafío debe ser aceptado.

La recepción y el uso de fondos de la iglesia debe caracterizarse por un gran cuidado y prolijidad. La iglesia es mayordoma de los dones que le han sido confiados. Debe merecer la confianza de los que la apoyan. Debe prevalecer la honestidad absoluta. Debe ser evitada toda sombra de sospecha.

Un pastor sabio trata personal y pacientemente con los líderes de la iglesia. Se da cuenta que la iglesia vivirá más allá de su salida, y que su buena influencia puede ser conservada mejor por medio de los líderes laicos. Si queda, dependerá cada vez más de estos laicos. Por lo tanto, la capacitación de los líderes es una necesidad importante que debe ser atendida.

Muchas personas y grupos están implicados en la misión de Cristo. Cada uno hace su contribución y luego se retira. ¡Sin embargo, la misión de Cristo continúa!

[1] 1 Corintios 15:32; 2 Corintios 1:8-10; 4:8, 9 revelan más dificultades de lo que Lucas incluye en Hechos.

[2] George S. Duncan, *St. Paul's Ephesian Ministry* (Nueva York, Charles Scribner's Sons, 1930.) El doctor Duncan ha reunido e interpretado estas tradiciones. Ha escrito con persuasión, relacionándolo con el material incluido en Hechos y en las cartas paulinas del Nuevo Testamento.

[3] Una visita a Jerusalén siempre era "ir hacia arriba". Esta referencia, con seguridad, significa una visita a esa iglesia: "Subió para visitar esa iglesia" (v. 22).

[4] Frank Stagg, *The Book of Acts* (Nashville: Broadman Press, 1955), pp. 197, 198. En este material el doctor Stagg discute la posibilidad de que la enseñanza de Apolos vino de la capacitación que había recibido en Alejandría, en el norte de Africa.

[5] Este problema había sido confrontado previamente por Simón Pedro por causa de la petición de Simón el mago (Hechos 8:18-24).

[6] Paul S. Minear, *"Dear Theo"*, *Interpretation*, 27 (1973), 131-150. En este artículo, el doctor Minear hace la simple pregunta: "¿Sobre qué prevalecía?" (p. 135). Sostiene que "la palabra del Señor prevalecía sobre la enfermedad y la superstición.

[7] Los movimientos de Pablo durante este período pueden incluir una visita a Corinto (2 Corintios 2:12-14; 12:14; 13:1 que prevén una visita). Tito, que no es mencionado en el relato de Hechos, era uno de los representantes para Corinto como el "hermano cuya alabanza en el evangelio se oye en todas las iglesias" (2 Cor. 8:18).

[8] John D. Davis, *The Westminster Dictionary of the Bible* (Filadelfia, The Westminster Press, 1944), p. 139. El nombre "Diana" es conocido para la mayoría de los estudiantes de mitología como diosa romana de la luna o de la caza. Es desafortunado que Artemisa de Efeso haya sido confundida con Diana. Artemisa "era la diosa madre del Asia Menor . . . Se suponía que su imagen había caído del cielo (Hechos 19:35), y puede haber sido originalmente de piedra meteórica. Su forma es conocida por medio de las monedas antiguas como una tosca figura de mujer con cabeza coronada, muchos pechos y brazos extendidos, sostenidos por puntales".

[9] Leander E. Keck, *Mandate to Witness* (Valley Forge, The Judson Press, 1964), p. 143. El doctor Keck señala la amenaza para Efeso en el trabajo de Pablo. Para éste, el producir tal amenaza para la ciudad era crearse un peligro para sí mismo. "La diosa estaba en peligro, y por lo tanto la ciudad estaba amenazada (19:23-27). La declinación en el comercio era sólo un síntoma de la enfermedad. Aquí vemos claramente cómo la religión, el comercio y el patriotismo están entrelazados. Amenazar la adoración de la diosa no sólo afectaba la economía, sino que también ponía en peligro la seguridad de la comunidad."

[10] Posiblemente 1 Corintios 16:8, 9 se refiere a este período: "Estaré en Efeso hasta Pentecostés; porque se me ha abierto puerta grande y eficaz, y muchos son los adversarios."

[11] Romanos 15:23 caracteriza el ministerio de Pablo en esa zona como algo completo; Romanos 15:24 indica interés en el mundo más allá de Roma.

[12] Hay una referencia a una ofrenda en la defensa de Pablo delante de Félix (Hechos 24:17 y quizá Hechos 20:35). Sin embargo, Lucas no trata de esa ofrenda en Hechos, ni de la actividad para lograrla.

[13] Minear, *op. cit.*, pp. 148, 149. El profesor Minear identifica a los "lobos" como aquellos "cuyos criterios de liderazgo cristiano divergen de los de Pablo: Su humildad y lágrimas, su prontitud para aceptar juicios, su voluntad de ser martirizado, su inocencia de la sangre de ellos . . . En este largo discurso de despedida hay sólo una frase que sugiere desviación doctrinal (v. 30), y una docena de cláusulas que implícitamente acusan a los lobos de crímenes como orgullo, jactancia y ceguera a las necesidades de la comunidad . . . Lucas escribe como teólogo, por supuesto, pero también como teólogo pastoral, preocupado por las obligaciones pastorales de ministrar la palabra".

10

Testigo de Cristo sin Cadenas:

de Jerusalén a Roma

Hechos 21:15—28:31

"No son las paredes de piedra lo que hacen una prisión, ni las barras de hierro una jaula."[1] El poeta describe una libertad espiritual que surge de vínculos físicos. Las palabras pudieron haber sido escritas sobre Pablo y otros que, en los primeros años de la iglesia, fueron encarcelados por el evangelio. Cuanto más completamente posee Cristo a un testigo, menos apretadas se hacen sus cadenas. No siempre es claro quién está llevando las cadenas en los últimos capítulos de Hechos. ¿Es aquel que está siendo juzgado, o es el juez? Aunque la historia lleva hacia el arresto y la prisión de Pablo, no hay ningún sentido trágico que oprima al lector. Por lo contrario, el material fluye con triunfo y plenitud. Esta es la historia de cómo el Espíritu de Dios trabajó para liberar al evangelio de sus primeras restricciones, impuestas por los cristianos judíos de Jerusalén.

1. Jerusalén: amor (21:15—23:30)

La acción de esta última sección de Hechos comienza en Jerusalén. La estrategia de Pablo para reunir fondos en las iglesias gentiles para las necesidades de Jerusalén requería su presencia allí. La visión de Pablo de la iglesia incluía relaciones libres y abiertas entre los creyentes judíos y gentiles. La ofrenda era para ayudar a que esa visión fuera realidad. Es desanimador que este propósito fracasara. Sin embargo, acontecimientos posteriores demostraron que el fracaso de Pablo incluyó una bendición: el evangelio quedó libre del legalismo judío. Dios manejó a Pablo en favor de un evangelio sin cadenas.

Informe a Jacobo y la iglesia (21:17-26)

Los excitantes informes de la misión de Pablo en la provincia de Asia contrastan notoriamente con la apatía de la vida eclesiástica en Jerusalén. La situación allí no parecía haber cambiado. Jacobo y los ancianos aún eran quienes controlaban. Pablo contó de la conversión de los gentiles, y los hermanos lo oyeron y se regocijaron (vv. 18, 19). Entonces siguieron con un asunto más apremiante: la pacificación de los judíos (vv. 20-24).

Las condiciones en Jerusalén estaban maduras para la revuelta contra Roma. Desde el punto de vista de la iglesia de Jerusalén, el consejo que los líderes de la iglesia judía dieron a Pablo era sabio (vv. 20-24). Desde la mala administración del procurador Ventidio Cumano (48-52) había habido inquietud. Félix le sucedió en el año 52 por nombramiento del emperador Claudio. Aunque antes Felix había apoyado abiertamente a los judíos era incapaz como gobernante. Una parte de su problema era su matrimonio con Drusila, hermana de Herodes Agripa II.

Josefo[2] escribió de los muchos levantamientos de los judíos contra los romanos. Uno de los más populares fue dirigido por un judío egipcio. En el monte de los Olivos dijo a sus seguidores que haría caer las murallas de Jerusalén y entonces establecería el reinado mesiánico. Todos los judíos moderados se alejaron de aquellos excesos. Temían la represión romana. Aun los judíos cristianos se vieron envueltos en una situación en que debía elegirse lo uno o lo otro. Estaban identificados en parte con la misión a los gentiles y con el antilegalismo. De allí que Jacobo estaba preocupado de que la iglesia de Jerusalén apareciera como celosa de la ley. Una acción así tendería a aclarar la posición cristiana ante las sospechas romanas.

La oposición potencial a Pablo entre los judíos era clara. Los saduceos, enemigos tradicionales de la iglesia, odiaban a este ladrón del templo. Despreciaban sus ofrendas para los pobres casi tanto como su insistencia en la resurrección de Jesús. Los fariseos estaban más inclinados a una actitud de simpatía, pero el elemento moderado estaba perdiendo rápidamente el control de la situación. Los sicarios, o "asesinos", eran antirromanos, antigentiles y projudíos hasta el crimen. En las ocasiones festivas, los judíos volvían a Jerusalén en grandes números. En este Pentecostés muchos quizá venían desde Asia e informarían del éxito de Pablo en aquella región. El complot contra él en Corinto (20:3) refleja la oposición de los judíos de la dispersión.

Dentro de la iglesia los judíos cristianos obedecían a Jacobo. Pero ellos estaban sirviendo en la misión judía del cristianismo. Desde el comienzo, fue probable que se mantuvieran al margen. No habría habido oposición activa contra Pablo desde dentro de la iglesia, sino sólo separación de él. Jacobo mismo recordó a Pablo que ahora estaba en Jerusalén. Su consejo a Pablo fue simple: Unete a los judíos; nosotros manejaremos a los gentiles. ¿No habían escrito ellos su opinión en el concilio de Jerusalén? (15:28, 29; 21:25).

La sugestión de Jacobo de que Pablo asumiera la responsabilidad financiera de cuatro judíos que habían hecho voto puede reflejar bien las dificultades de la relación. ¿fue hecha la sugestión para controlar a Pablo? ¿Para salvarle de un posible problema? ¿Para satisfacer a los judíos? ¿Para proteger a los judíos cristianos? Los gastos no eran cosas intrascendentes en esas ceremonias religiosas. Quizá Jacobo pensó que el hecho de que Pablo dispusiera de las ofrendas gentiles indicaba verdadera riqueza.[3] El voto probablemente era una dedicación temporaria al nazareato[4] en la cual los judíos vivían de acuerdo a ese voto por un tiempo breve. Al fin del período, se cortaban el cabello, lo quemaban y ofrecían sacrificios adecuados: "los corderos, un macho cabrío, pan, tortas y comida y bebida por cada persona"[5] (ver Núm. 6:13-20). Si durante el voto aquellos que lo cumplían habían sido contaminados de alguna manera, debían ocupar siete días más en la purificación. Al fin de ese período se les requería que afeitaran su cabeza y trajeran ofrendas adicionales al sacerdote. Esta carga frecuentemente era asumida por los ricos que buscaban méritos especiales. Pablo asumió los gastos de purificación para sí mismo y otros cuatro. Era en efecto un último esfuerzo para aplacar al ala judía de la iglesia.

Arresto (21:27-39)

A los gentiles se les prohibía la entrada al patio de Israel en el templo. Por cierto, un gentil que entrara en cualquier parte del templo estaba en gran peligro. Pablo apareció en las calles de Jerusalén con gentiles del Asia, conocidos por los judíos asiáticos. Más tarde, apareció en el templo con personas desconocidas para éstos. Los enemigos de Pablo presumieron que estos judíos eran gentiles, cuya presencia en el templo era contraria a la ley judía. El tumulto que se produjo tiene una llamativa similitud con la demostración de Efeso. (Fue cambiado el nombre: "¡Grande es el templo de los judíos!") El vínculo entre los intereses religiosos y económicos no era diferente del de Efeso.

El misterio de las puertas cerradas del templo (21:30) es intrigante. La multitud se había puesto violenta; quizá fueron cerradas para prevenir que Pablo se refugiara en el santuario. Quizá fueron cerradas para proteger la santidad del templo. Los soldados romanos eran siempre muy notorios en las épocas festivas, sospechando siempre de un posible estallido de los judíos. Se apresuraron a deshacer la turba y a rescatar a Pablo, a quien vieron en su centro. Parece que fue acusado de inmediato. Las cadenas (v. 33) indican que el tribuno militar presumió la culpabilidad de Pablo.

Pablo se dirigió en griego al oficial militar superior, hecho que sorprendió a éste. El oficial había presumido que Pablo era el notorio perturbador egipcio de aquel tiempo (v. 38). Pablo se identificó como judío ciudadano de Tarso (v. 39). (No dejó bien clara su ciudadanía romana ante el oficial hasta la entrevista descrita en 22:25-29. Cuando el oficial supo de ello, demostró ser uno de los aliados de Pablo. No obstante, el oficial sólo intentó poner en ejercicio la ley romana; cualquier beneficio para Pablo fue accidental.)

Apelación desde la escalinata de la fortaleza (21:40—22:29)

La defensa de Pablo tuvo lugar en las gradas que llevaban del pórtico del templo hacia arriba, a la torre Antonia, una fortaleza romana que permitía ver los patios del templo. Había sido ocupada por los soldados romanos desde mucho antes, y en las épocas festivas el número era aumentado. La defensa misma (22:3-21) es más bien un testimonio personal: esto me pasó a mí. Aunque estaba en cadenas, Pablo habló con libertad:

"Yo de cierto soy judío" (v. 3). Era un judío de la dispersión, enseñado por el altamente respetado Gamaliel (v. 3). "Perseguía yo este Camino hasta la muerte" (v. 4). Por cierto, esta persecución de los cristianos no reflejaba el espíritu amable y tolerante de su maestro Gamaliel. Los celosos esfuerzos de Pablo en favor de la ley fácilmente podían ser verificados en los registros del templo.

"De repente me rodeó mucha luz del cielo" (v. 6). El simple relato de la conversión de Pablo es muy efectivo. No hay ningún esfuerzo por explicar ni para entrar en detalles. El Señor habló y Pablo obedeció.

"Uno llamado Ananías . . . vino a mí" (vv. 12, 13). Ananías era un judío que permanecía en la ley. Uno de los aspectos únicos en el relato de la conversión de Pablo es la larga comisión por parte de Ananías.

"Te enviaré lejos a los gentiles" (v. 21). El informe de Pablo de su visión en el templo es una presentación única de su llamado a los gentiles (ver 9:26-30). Su presencia en el área del templo en el momento de aquella defensa la hacían particularmente adecuada. La sugestión de que el templo pudiera ser el origen de la misión a los gentiles irritó a los judíos. Este era el punto —la misión a los gentiles— que ellos tomaron por tema.

La defensa de Pablo fue un testimonio, declarando simple y claramente: esto me pasó. ¿Cómo se puede mejorar una confesión personal así, o un claro testimonio cristiano? Los judíos entendieron que la misión a los gentiles tuvo su origen en la experiencia de Pablo en el templo. No se podía sacudir su convicción sobre lo correcto de tal misión. Por lo tanto, rechazaron a Pablo y todos sus conceptos (vv. 22, 23). El oficial militar retiró a Pablo de la presencia de ellos (v. 24).

Mientras era preparado para el interrogatorio con azotes, Pablo hizo clara su ciudadanía romana. Para sorpresa del oficial romano, Pablo lo era de nacimiento (v. 28), pues su padre había sido ciudadano antes que él. La ciudadanía romana era un premio altamente deseable. Muchos la compraban, como dijo el oficial. Aunque no fue liberado, Pablo fue tratado con respeto por su nuevo aliado. Pablo ya había comenzado a ser liberado de las ligaduras del prejuicio judío.

Audiencia ante el sanedrín (22:30—23:10)

Los poderes seculares no pudieron encontrar culpable a Pablo, de la misma manera que Pilato no había encontrado culpa en Jesús (ver Lucas 23:13-16). Por lo tanto, el oficial con mando ordenó que el sanedrín fuera convocado para poder saber cuál era la causa del conflicto. Ante el sanedrín Pablo declaró su inocencia (23:1). Presidía Ananías, sumo sacerdote por la gracia de Roma (47-59). La apelación de su buena conciencia por parte de Pablo casi comprende un testimonio separado de su inocencia. El sumo sacerdote reaccionó rápidamente ante aquel hombre en quien veía la blasfemia (v. 2).

Hay varias cuestiones que surgen del agudo ataque de Pablo a Ananías (vv. 3-5). ¿No sabía Pablo que era el sumo sacerdote? ¿No era evidente su ubicación en la sala del concilio? ¿Era pobre la vista de Pablo, o era un sarcasmo? ¿Se debía el desconocimiento de Pablo al poco tiempo que había pasado en Jerusalén? No tenemos respuesta segura a estas cuestiones.

Comprendiendo la imposibilidad de lograr justicia en esa situación, Pablo apeló a la división en el concilio: puso a los fariseos contra los saduceos sobre el tema de la resurrección (v. 6). Era un acto desesperado y enfatizaba la ruptura entre Pablo y los judíos. Su larga experiencia los convenció de que él podía ser destruído por el prejuicio de ellos. Eligió usar su prejuicio para ponerlos el uno contra el otro (vv. 7-9). Una vez más el oficial romano rescató a Pablo de la gente religiosa (v. 10).

Complot contra Pablo (23:11-30)

Pablo mismo debe haber pensado profundamente en la escena ante el sanedrín. No había sido capaz de testificar efectivamente allí y de hecho los había vuelto en su contra. Era tiempo para una reafirmación divina. Dios habló las palabras necesarias (23:11); Pablo recibió la seguridad de que viviría para testificar en Roma.

Un complot contra Pablo no era nada nuevo (20:3). El aspecto significativo en Hechos 23:12-16 es que el sobrino de Pablo escuchó a los complotados. ¿Era conocido el joven y aceptable para la banda de fanáticos? ¿Tenía relación la familia de Pablo con conspiradores judíos? Estos sicarios (asesinos) eran responsables de la muerte de muchos judíos y romanos durante el período anterior a la guerra judeo-romana. Se sabe poco de la familia de Pablo, ¡pero por cierto que tenía conexiones interesantes!

La confianza de Pablo en el oficial romano está indicada en que él envió a su sobrino para informar del complot (v. 17). El oficial creyó el relato del joven y actuó en forma responsable (vv. 22-31). Con gran cuidado el tribuno preparó el viaje a Cesarea. La situación en Jerusalén era explosiva y la vida de un ciudadano romano estaba amenazada. No fue en realidad un acto piadoso de parte del tribuno. Era buena política y su carta al gobernador Félix así lo revela. El oficial puede haber esperado un ascenso.

La carta del tribuno comenzaba: "Claudio Lisias al excelentísimo gobernador Félix: Salud" (v. 26). Era una carta típica del primer siglo, breve y al punto. Cartas oficiales similares han sido descubiertas entre los papiros del primer siglo. Por supuesto, Lisias se retrató a sí mismo de la mejor manera posible. Dios parece haber estado usando la política romana para cumplir sus propósitos.

Por amor a su pueblo Pablo había interrumpido su viaje hacia occidente y vuelto a Jerusalén. Su conducta parece haber sido ejemplar. Aceptó la sugestión de Jacobo de unirse a los judíos que cumplían la ley. Sin embargo, de allí en adelante Jacobo y la iglesia de Jerusalén parecen haberse lavado las manos por Pablo. El amor de Pablo por su pueblo, aun rechazado en Jerusalén, es claro inclusive en Roma, como veremos (Hechos 28:17-24). Con gran riesgo y sacrificio personal Pablo buscó ganar tanto a gentiles como judíos.

2. Cesarea: valentía (23:31—26:32)

Herodes el Grande había construido Cesarea al lado de una antigua ciudad, y había hecho obras portuarias tan grandes que eran conocidas lejos. El gobernador vivía allí. La transferencia de Pablo a Cesarea era lógica, dado el sentimiento en su contra en Judea. La presentación que Lucas hace de la serie de investigaciones de los oficiales romanos y de las defensas de Pablo, subrayan la posición legal de la fe cristiana ante la ley romana. Es probable que fuera planeada como una apelación a la verdad en la historia en una época de injusta persecución por el gobierno imperial. El relato muestra que la Iglesia siempre había sido leal al imperio, y que esta lealtad había sido confirmada por muchos romanos en posiciones oficiales.

Defensa ante Félix (24:1-23)

El celo con el que los poderes religiosos judíos procedieron contra Pablo es notable. Aparentemente Tértulo era un abogado de renombre. Sus acusaciones lo retratan en su habilidad y visión (24:2-8). La acusación es triple: (1) Pablo había perturbado la paz por todo el mundo; (2) era una cabecilla entre los nazarenos, una secta judía disidente y (3) había llevado gentiles al área prohibida del templo. De ese modo los cargos eran políticos, religiosos y específicos.[6]

La defensa de Pablo siguió las mismas líneas que la acusación. Es descrito como más correcto y menos autosuficiente que Tértulo. El énfasis en la capacidad del orador cristiano debe ser puesto en el control de sí mismo cuando la coacción es mayor. Admitió inmediatamente que era cristiano, pero negó toda violación de la ley romana. Su devoción a las instituciones judías era innegable, aun al extremo de participar en los votos en el templo. La mención de Pablo de "limosnas" y "ofrendas" puede referirse a las donaciones de las iglesias gentiles. Si es así, es la única referencia de Lucas a esas ofrendas.

Pablo concluyó su defensa con una referencia a que él había dividido al sanedrín por la cuestión de la resurrección (v. 21). Esta acción en el sanedrín difícilmente era causa de acusación para una audiencia en Roma, hecho que sabían todos los presentes. Ciertamente Félix sabía más "acerca del Camino" (v. 22) de lo que sospechaban los judíos. Pospuso una decisión hasta que tuviera disponible más información sobre la conducta de Pablo en Jerusalén. Esta información exigía esperar la venida de Claudio Lisias, el oficial romano responsable de poner a Pablo bajo la custodia del estado.

Entrevista con Félix y Drusila (24:24-27)

Los miembros de la familia herodiana eran conocidos por su habilidad política y su inmoralidad personal. Drusila, la esposa de Félix, era ese tipo de herodiana. Se había casado con Azizo rey de Emesa, pero descubrió que era mejor aliarse con Félix. Abandonó a su marido por el gobernador romano. Es probable que la judía tenía curiosidad por Pablo. Cuando éste habló "acerca de la justicia, del dominio propio y del juicio venidero" (v. 25), Félix se autocondenó. Es posible que la princesa herodiana se haya endurecido por esos juicios proféticos. Como Juan el Bautista había condenado el adulterio de un Herodes anterior, así Pablo pronunció una palabra de juicio.

Félix puede haber sido impresionado por la rectitud de Pablo. Lucas hace resaltar el interés de Félix en Pablo con la esperanza de un soborno de su parte (v. 26). Es extraño que Lucas acuse así a un gobernador romano, salvo por el hecho de que Félix había caído en descrédito para la época de Lucas. Por la forma en que manejó un motín judío-sirio en Cesarea, en el cual fueron muertos varios judíos, Félix fue llamado a Roma. Si no hubiera sido por su deseo de aplacar a los judíos después de esta experiencia, Félix podría haber liberado a Pablo. .

Defensa ante Festo (25:1-12)

Después de dos años, Félix fue reemplazado por Festo. No hay evidencia de que los miembros de la iglesia de Jerusalén recordaran a Pablo después de ese tiempo. Pero no fue así con los líderes judíos, que inmediatamente acusaron a Pablo ante el nuevo gobernador. Resentidos del traslado de Pablo de su jurisdicción, tramaron un complot para matarlo. Lucas retrata cuidadosamente al nuevo gobernador romano como amable e imparcial. Al plan de los líderes judíos Festo replicó que Pablo estaba en Cesarea, y que la acusación debía ser presentada allí (vv. 4-6). Más tarde, en Cesarea, parece que los judíos exageraron sus acusaciones (v. 7). Como Festo no estaba tan familiarizado con las costumbres judías como su predecesor, sugirió a Pablo que fuera a Jerusalén para una audiencia (v. 9).

Con excitación Pablo apeló a César (vv. 11, 12). Esta apelación vino sólo después de un confinamiento de dos años en Cesarea y la frustrante experiencia de la ausencia ante el nuevo gobernador. Su apelación puso a Pablo con una mala imagen para los judíos: había renunciado al ideal judío de la teocracia. Su declaración en Roma subraya la duda con la que Pablo hizo esa apelación (28:19). Sabía que no había posibilidad de una audiencia justa ante los líderes religiosos judíos. Más bien sería un regalo a los sicarios. Así fue como Pablo, un ciudadano romano, se colocó a la merced (y justicia) del emperador romano. Festo admitió el pedido de Pablo: el curso de éste había sido determinado (v. 12).

Defensa ante Agripa y Berenice (25:13—26:32)

Agripa II y Berenice, con su visita oficial, pusieron el escenario para la siguiente defensa de Pablo en Cesarea. Agripa II era hijo de Agripa I y gobernó sobre Calcis y otras zonas del norte de Palestina. Estos territorios pertenecieron originalmente a Felipe, que era un hijo de Herodes el Grande y tío de Agripa I. Agripa I sucedió a Felipe. Cuando murió aquel Agripa II aún no tenía edad como para recibir el reino de su padre. Llegó al poder cuatro años después, en el año 48.

Berenice era la hermana de Agripa II. Había estado casada con su tío, pero cuando murió su marido se decía entre los judíos que había formado una relación incestuosa con su hermano Agripa II. Aquella relación que se murmuraba llenó de disgusto a los judíos frente a Agripa. Una nueva base para el disgusto de los judíos era su nombramiento de un nuevo sumo sacerdote judío. Había depuesto a Ananías. Esta acción fue vista por los judíos como un abuso de poder.

La descripción del caso de Pablo hecha por Festo a Agripa hace claras las injurias que Pablo había sufrido (vv. 14-21). El gobernador es retratado por Lucas, señalando su cuidado en dos puntos: la aparente inocencia de Pablo en cualquier crimen; el manejo del caso por parte de Festo de manera sabia y gentil. En su exposición del caso Festo subrayó los aspectos inusitados. Agripa expresó interés; así se organizó una audiencia ante el rey (v. 22).

La pompa y ceremonia de la audiencia parece haber sido una burla de la justicia que requería la ley romana. Pablo hizo una defensa hábil ante Agripa y Berenice. De hecho presentó una declaración sucinta de su vida en el judaísmo, y su experiencia de conversión. Aunque Pablo puede haber estado desanimado en aquel tiempo, usó la oportunidad para testificar a un judío reinante y a un miembro de la famosa familia herodiana. Su deferencia a la posición del rey (quizá a la luz de su conocimiento de que el sumo sacerdote Ananías había sido depuesto) sugiere que Pablo puede haber sentido esperanza en la situación, aun cuando ya había apelado a César. Por el otro lado, el hecho de su apelación a César puede haberlo dejado libre para presentar su evangelio a Agripa.

Como judío Pablo había sido encontrado inocente. Su cumplimiento de la ley judía estaba más allá de cualquier reproche. El relato de su celo como fariseo subrayó el milagro de su conversión. Una descripción clásica de conversión aparece en el versículo 18. El movimiento de Pablo de las tinieblas a la luz, de Satanás a Dios, y su recepción del perdón y de una herencia con otros creyentes era la forma en que él entendía la conversión. No necesitaba hacer ninguna defensa de su misión a los gentiles ante alguien tan mundano como Agripa. Su obediencia a la visión y su fiel testimonio provocaron la oposición de los judíos de Jerusalén. Agripa sabía que eran una multitud incontrolable.

Festo interrumpió a Pablo cuando mencionó la resurrección. El testimonio de Pablo sobre la resurrección parece haber provocado una respuesta muy definida (v. 24).

Pablo había dirigido claramente su defensa hacia Agripa con el propósito de ganar un convertido. El viejo misionero vio que allí había un convertido en potencia ¡y un gobernante judío como aquel! Parece que Agripa captó el propósito de Pablo. Su respuesta a Pablo ha sido entendida de distintas maneras. La traducción "Por poco me persuades" (v. 28) ha provisto el texto para la bien conocida canción evangélica "Casi resuelto". Otras versiones traducen de manera diferente: "Con poca persuación", "en poco tiempo", "en este breve tiempo". La frase se refiere al reconocimiento que hizo Agripa del propósito de Pablo: "¡Con poco piensas hacerme cristiano!" (v. 28 V.H.A.).

Tanto Festo como Agripa, el gobernador romano y el rey judío, estuvieron de acuerdo en que Pablo era inocente de cualquier delito. ¿Hay un indicio de la desilusión de Lucas por la apelación de Pablo a César?

3. A bordo de la nave: fe (27:1—28:14)

El viaje de Pablo, incluido el naufragio, es un registro naval de permanente interés.[7] Lucas ha preservado detalles naúticos que los marinos modernos encuentran acertados e intrigantes. Es posible que Lucas mismo fuera un navegante aficionado. Sin embargo, su propósito primordial era presentar a Pablo como un cristiano en una crisis. Tenía dominio de la situación y se hizo amigo del grupo con que viajaba. Su fe era fuerte aun bajo la tirantez.

De Cesarea a Mira: un cristiano y sus amigos (27:1-5)

Pablo no era el único prisionero que iba a Roma, pero había sido separado desde el principio como responsable. Julio, el centurión, lo trató amablemente. Se permitió a Pablo la compañía de por lo menos dos viejos amigos, el autor (Lucas) y Aristarco. Quizá éstos fueron para ministrar a sus necesidades así como para ser sus compañeros de viaje. En Sidón, a unos cien kilómetros de Cesarea y primer puerto que tocaron, Julio permitió a Pablo que desembarcara y visitara a sus amigos (v. 3). La variedad de barcos en el viaje sugiere el gran monto de viajes en el mundo antiguo, así como el volumen de materiales transportados desde los puertos del Mediterráneo a Roma. Hecho de nuevo al mar, el barco encontró vientos contrarios (v. 4).

De Mira a Buenos Puertos: un cristiano sujeto a la naturaleza (27:6-8)

El barco que venía de Alejandría estaba cargado de trigo. Los barcos de granos eran necesariamente grandes. Quizá había sido obligado a ir a Mira por los vientos contrarios, pero ahora se movía más directamente hacia Roma. Con gran dificultad frente al viento, manteniéndose hacia el noroeste, navegaron a sotavento de Creta. El relato sugiere que el autor mira retrospectivamente su experiencia como algo excitante. Quizá él y Pablo recordaron muchas veces después aquella dura travesía.

De Clauda a Malta: un cristiano y su coraje (27:18-44)

A medida que progresaba el viaje Pablo expresó su opinión con más energía. En el momento del naufragio parece haber estado al mando (vv. 31-35). Mientras que otros, incluyendo experimentados marinos, estaban aterrorizados por la fuerza de la tormenta, Pablo insistió valientemente en que no hubiera pérdida de vidas.

Por muchos días, no comieron. Pablo habló alentándoles en base a su fe. No podemos saber cuánta confianza inspiró a los marinos. Finalmente, habiendo sido llevados de un lado al otro en la zona donde se unen el Mediterráneo y el Adriático, los marinos descubrieron que la tierra estaba cerca. En un esfuerzo para evitar ser llevado contra las rocas, echaron anclas por la popa. Así se aseguraron los marinos algún descanso en cuanto al viento.

Llegó la mañana y los marinos planearon abandonar la nave. Pablo advirtió a Julio que los marinos debían quedar en ella. Por lo tanto, los soldados cortaron las amarras del esquife, evitando así la fuga de los marinos. El valor de Pablo para aconsejar a la tripulación y a los pasajeros que comieran, estaba basado en su fe de que no habría pérdida de vidas. Las 276 personas a bordo comieron todo lo que pudieron, y luego aligeraron la nave aun más, arrojando el resto de las provisiones por la borda. Cuando parecía que la nave podía ser salvada encalló y comenzó a quebrarse en el mar (vv. 39-41).

Cuando el naufragio era inevitable, los soldados planearon matar a los prisioneros. Pensaban que era mejor que fueran muertos que ser ellos culpados de la fuga. Julio intervino por haber desarrollado un saludable respeto, si no amistad, por Pablo. Todos escaparon a tierra en la isla de Malta.

De Malta a Puteoli: un cristiano y su compasión (28:1-14)

Como el viento y la lluvia hicieron necesario un fuego, Pablo se unió a otros para juntar madera (vv. 1-5). Mientras que Pablo estaba preparando el fuego, una víbora se aferró a él por la mano. Los otros del grupo se alarmaron. Sin embargo, Pablo no estaba herido y los nativos quedaron impresionados. Quizá los compañeros de viaje de Pablo habían llegado a esperar este tipo de buena suerte cuando él estaba implicado.

Lucas se deleita en describir la curación del padre del "hombre principal". Parece que Pablo tuvo un lugar en la seguridad del grupo en el naufragio. Había sobrevivido a la víbora. Ahora el apóstol atendió a un enfermo. Quizá el doctor Lucas había diagnosticado el caso como fiebre y disentería. Sea lo que fuere, la oración de Pablo y la imposición de manos llegó a ser el medio de Dios para la curación del hombre. Pablo y sus compañeros fueron considerados honrosamente por todos.

Desde Malta navegaron a Siracusa, donde esperaron un viento favorable. De allí llegaron finalmente a Puteoli, puerto marítimo de Nápoles. Allí, como buen presagio del futuro, encontraron hermanos (v. 14). Sin duda la palabra describe a creyentes como ellos. Durante siete días permanecieron con ellos.

4. Roma: libertad (28:15-31)

"Y luego fuimos a Roma" (v. 14). Lucas presenta la llegada a Roma como algo del tipo de una entrada triunfal. La libertad que Pablo disfrutaba le señala como un preso excepcional (vv. 16, 31).

Recibido por los hermanos (28:15, 16)

Otros hermanos viajaron a los suburbios de Roma para encontrarle, porque la noticia del arribo de Pablo había llegado a los cristianos de la ciudad. Después del largo y cansador viaje los nuevos amigos eran especialmente bienvenidos. El evangelio había llegado a Roma mucho antes que Pablo. La iglesia ya estaba allí; él le había escrito algunos años antes. Lucas está más interesado en la llegada de Pablo a Roma que en los detalles de cómo las buenas nuevas mismas llegaron. Quizá no conocía la historia. ¿Sería que algún viajero desconocido fue el primero en proclamar a Cristo en la ciudad imperial? Había muchos trabajando en la misión de Cristo.

Encuentro con líderes judíos (28:17-22)

A pesar de todas las dificultades de Pablo con los líderes judíos, los invitó a su casa. ¿Estaba impaciente Lucas con la preocupación del apóstol por sus hermanos judíos? El evangelio era para el mundo, cuyo centro estaba en Roma. ¡Pero aun en Roma Pablo comenzó por encontrarse con los líderes judíos! La reunión con los judíos de Roma indica que Pablo planeó un ministerio allí, a pesar de sus cadenas.

Aparentemente, la apelación de Pablo a César, rechazando a su propio pueblo y su sistema judicial, continuaba preocupándole. Protestaba de su inocencia en toda oportunidad, y enfatizaba la buena voluntad de los oficiales romanos para liberarlo, si no fuera por la acusación de los judíos. La defensa era innecesaria. Los judíos de Roma no habían recibido información sobre Pablo. Es difícil creer que ninguna carta o visitante de Jerusalén hubiese mencionado el caso de Pablo a estos líderes judíos. Pero Roma era una ciudad grande, y quizá los judíos habían llevado una existencia tipo *ghetto*. Sabían poco de la fe cristiana, y fijaron un momento para aprender más sobre ella.

Segunda reunión con los judíos (28:23-28)

Cuando llegó el día fijado, se realizó una reunión más formal. Vinieron otra vez al alojamiento de Pablo. El usó versículos del Antiguo Testamento, de modo muy similar al mismo Jesús después de su resurrección (Lucas 24:27). Pablo les enseñó todo el día, y algunos creyeron.

Como algunos no creían, Pablo se volvió al profeta Isaías para dar una explicación del rechazo. Este pasaje es citado a menudo en el Nuevo Testamento. La cita (Is. 6:9, 10) es una parte del llamado de Isaías al ministerio profético. La tarea del profeta no sería fácil, ni tampoco la de Pablo. De ciudad en ciudad había verificado el rechazo de su Mesías por los judíos. Ahora en Roma una vez más se volvía a los gentiles.[8]

Libertad para predicar en Roma (28:30, 31)

A primera vista los versículos finales parecen dejar colgado al lector. ¿Realmente no está completo Hechos? ¿O la escena final está diseñada de manera como para hacer arder la audiencia con la seguridad de que el evangelio había triunfado? Pablo había querido predicar en Roma. Durante dos años gozó de libertad para hacer exactamente eso. Más allá de esos años Lucas guarda silencio.[9]

La libertad que Pablo experimentó fue posible porque no planteó una amenaza a intereses creados. En las provincias los judíos suponían que Pablo era una amenaza a la ley y el templo. En Roma se había vuelto a los gentiles y los judíos no veían amenaza alguna. En Efeso Pablo había ofendido a los comerciantes y aun antes había ofendido a las autoridades.[10] En Roma Pablo no amenazaba ningún interés comercial. En Tesalónica (17:6) la acusación de perturbar la paz obligó a Pablo a dejar la ciudad. En Roma los movimientos de Pablo estaban restringidos, y ningún funcionario vio en él una amenaza para la paz de la ciudad.

Uno de los propósitos de Lucas para escribir Hechos puede haber sido mostrar que la fe cristiana no era un movimiento político. Los cristianos individualmente no eran agitadores políticos, sino ciudadanos cumplidores de la ley. Estos creyentes interpretaron su fe en términos de absoluta lealtad. En muchos casos los más leales al Señor eran los más leales al estado, a causa de su lealtad al Señor. El principio se extiende hasta la actualidad: "Lo decisivo no es la política del gobierno hacia la religión cristiana, sino el significado del señorío de Cristo en relación con la lealtad política."[11]

El libro de Hechos concluye con ese espíritu de libertad. Seguramente Pablo era un preso, pero sus cadenas no le impedían proclamar el evangelio. En cierto sentido el lector se olvida de las cadenas y celebra la libertad de las buenas nuevas. Hechos no termina en estos versículos finales, porque la obra sigue a través del ministerio de muchos. Todos los que están envueltos son importantes. A menos que todos trabajen juntos, la misión no puede ser todo lo que Dios pretende. El mismo Jesús está en pie a la diestra de Dios, ausente de los creyentes en carne, y sin embargo, presente en el Espíritu. El mismo Espíritu, que se movió en la iglesia en Pentecostés, y dirigió su misión a todos en el mundo de Dios, está actuando hoy. Los apóstoles pueden haber sido reemplazados por testigos modernos, pero el Espíritu es el mismo. Los Hechos de los Apóstoles no será un libro cerrado mientras el Espíritu de Dios mueva al pueblo de Dios en el mundo para trabajar juntos en la misión de Cristo.

5. *Verdad para hoy*

El aparente fracaso puede ocultar al verdadero éxito. Dios frecuentemente moldea nuestros aparentes fracasos en éxitos espirituales. Aunque Pablo no pudo crear el puente de las relaciones entre judíos y gentiles con su ofrenda, y aunque estuvo prisionero en Cesarea y Roma, sí alcanzó un evangelio sin cadenas en Roma.

El prejuicio descontrolado no tiene ni sentido ni misericordia. A menudo los hombres llegarán a cualquier extremo para herir al objeto de su odio. La misión de Pablo a los gentiles le había hecho inaceptable a muchos judíos. Estos habían seguido sus pasos por todo el mundo, determinados a matarlo.

Dios preside sobre los asuntos humanos. El puede llegar a usar aliados humanos para cumplir sus propósitos. El uso de Ciro en el Antiguo Testamento tiene su paralelo en el uso por parte de Dios de los oficiales militares romanos.

El evangelio no será aceptado por todos. Esto es verdad, a pesar de la capacidad con que se presente. El tema del rechazo se presenta con tanta claridad a lo largo de la narración como el del arrepentimiento y la fe. Un testigo puede dar su vida para una enseñanza y predicación fiel y capaz, pero algunos rechazarán la revelación de Dios.

El amor de Dios endurece y sensibiliza a la vez. Alienta el testimonio cristiano en las crisis, pero le hace más tierno a la necesidad humana. Pablo sintió compasión por el padre de Publio, aun después de la prueba del viaje y el naufragio.

El testimonio cristiano más claro es simplemente: "Me pasó a mí". Una y otra vez Pablo habló de su propia experiencia con el Cristo resucitado. Ese tipo de testimonio es claro y efectivo.

¹ Richard Lovelace, *"To Althea from Prison"*, en *Familiar Quotations*, ed. por John Bartlett (Boston, Little, Brown and Comp., 1955), p. 268.

² Josefo, *op. cit.*, p. 596.

³ La cuestión de los recursos financieros de Pablo es intrigante. Tuvo muchos gastos en estos movimientos finales: el voto del templo para los cuatro hombres, el juicio, su sostén personal. Era tratado con respeto a lo largo de todo el camino, y Félix inclusive esperó recibir un soborno de su parte. ¿Era sostenido con donaciones de las iglesias, quizá por lo que cobraba Lucas? Algunos suponen que Pablo había recibido parte de una herencia familiar. No hay evidencia de que haya trabajado con sus manos en ese período.

⁴ Números 6:1-21 sugiere algunos de los detalles. Pablo mismo había venido a Jerusalén en una ocasión previa (18:18) con un voto.

⁵ Stagg, *op. cit.*, p. 223.

⁶ Algunos manuscritos griegos agregan una acusación apenas velada contra Claudio Lisias. La sustancia de la acusación hecha por Tértulo contra Claudio era que éste había intervenido en un asunto que correspondía a los judíos. Estos versículos, sin embargo, no aparecen en la mayoría de los manuscritos dignos de confianza.

⁷ James Smith, *The Voyage and Shipwreck of St. Paul* (Londres, Longman, Brown y otros, 1856). Este libro ofrece muchos detalles náuticos sobre el viaje.

⁸ Pablo se había vuelto claramente a los gentiles en otras oportunidades, como se indica en 9:15, 13:46 y 18:6.

⁹ Hechos omite toda mención de la muerte de Pablo. La tradición ha ofrecido varias teorías, incluyendo la sugestión de que fue liberado de su primera prisión en Roma —para tener un extenso ministerio y luego ser arrestado de nuevo y ejecutado. Lucas estaba más interesado en la posición de Pablo ante autoridades romanas responsables que con su prisión en manos de una autoridad menos responsable (¿Nerón?)

¹⁰ Keck, *op. cit.*, p. 150: "Como la iglesia no es un partido político, su impacto no se limita a la reordenación del gobierno, sino que afecta también a la economía. En nuestra sociedad, que está dominada por el comercio, necesitamos ponderar el aspecto de que en Hechos eran los comerciantes quienes se sintieron afectados por los resultados del evangelio antes que la policía."

¹¹ *Ibid.*, p. 146.

Actividades de Aprendizaje Personal

Capítulo 1

1. Identifíquese con Teófilo y considere que este "tratado" le ha sido dirigido a él. En cincuenta palabras o menos declare cuál es el tema principal del libro. (Detalle: ¿"Hechos de los Apóstoles" es un buen nombre para este libro?)

2. ¿Qué diferencia hizo la venida del Espíritu Santo en la iglesia de Jerusalén?

Capítulo 2

1. ¿De qué manera los problemas y soluciones descritos en el capítulo 2 dan luz sobre las dificultades de su propia iglesia?

2. ¿Qué le está guiando a hacer el Espíritu Santo con respecto a problemas de su iglesia?

Capítulo 3

1. ¿Cómo habla a la iglesia moderna y al mundo la defensa de Esteban?

2. Anote a los dos hombres no apóstoles que actuaron heroicamente en Hechos 6:8—8:40, señalando por lo menos una acción significativa de cada uno.

Capítulo 4

1. ¿En qué se parece el Pedro del libro de "Hechos" al de los evangelios? ¿En qué difiere?

2. En el capítulo 4 note los problemas básicos de la iglesia que Pedro enfrentó y venció, y relate cómo el Espíritu Santo guió a la iglesia a través de la acción de Pedro.

Capítulo 5

1. ¿Qué significa para las iglesias de hoy la expansión del cristianismo desde Jerusalén hasta Damasco, Antioquía y más allá, especialmente con respecto a su misión mundial?

2. Analice los méritos de la decisión de la iglesia de Antioquía de dar a sus líderes principales para la misión al mundo.

Capítulo 6

1. ¿Cuáles eran los temas en el concilio de Jerusalén?

2. ¿Qué nos enseña el concilio de Jerusalén sobre el poder del

Espíritu para guiar a una iglesia que está en conflicto? ¿Qué obstaculiza la dirección del Espíritu?

Capítulo 7

1. Lea Hechos 16:6-10, buscando caminos por los que el Espíritu guió a Pablo y su grupo. ¿Puede encontrar evidencias de la dirección del Espíritu por medios comunes? Si es así, ¿cuáles son? (Ver la sección del capítulo 7 titulada "Encontrando la voluntad de Dios".)

2. Lea la Carta de Pablo a los Filipenses (1:1-11; 3:19-30; 4:10-20) y el relato del ministerio de Pablo allí en Hechos (Hechos 16:11-40). ¿En qué formas siguieron los filipenses siendo fieles amigos del Apóstol?

Capítulo 8

1. Anote varias diferencias básicas entre el ministerio de Pablo en las pequeñas ciudades y en las zonas urbanas.

2. ¿Pudo haber encontrado Pablo a los filósofos de Atenas o los judíos de Corinto en términos más amistosos, y haber seguido fiel al evangelio?

Capítulo 9

1. ¿En qué forma el marco social en que funciona una iglesia señala una amenaza para la misión cristiana?

2. ¿Qué peligros potenciales a la iglesia están implícitos en el encargo de Pablo a los ancianos (20:18-35)? ¿Son similares a los peligros corrientes?

Capítulo 10

1. ¿Cuál era la mayor amenaza a la misión cristiana: la ley romana o el prejuicio judío? ¿Cuál es la mayor amenaza hoy: la ley o el prejuicio? ¿Por qué?

2. Repase los tres relatos de la conversión de Pablo (9:1-19; 22:3-21; 26:2-23), y anote los hechos únicos de cada uno.

COMO ESTUDIAR ESTE LIBRO

La Casa Bautista de Publicaciones, en relación con el Departamento de Educación Cristiana de algunas convenciones nacionales, tiene el gusto de ofrecer a las iglesias locales del mundo hispano un plan de estudios denominado "El Nuevo Curso Unificado de Estudios". Para obtener crédito, los estudios pueden ser realizados de dos diferentes maneras: Estudio Personal y Estudio en Clases.

1. Estudio Personal. Toda persona que haya cumplido dieciséis años de edad puede estudiar en su casa cualquier libro del curso y recibir el diploma o sello correspondiente, bajo las siguientes condiciones: (1) leer todo el libro y contestar, por escrito, las preguntas que están al final de cada capítulo; (2) enviar su escrito original a su promotor nacional de Educación Cristiana. Si es aprobado, recibirá el diploma o sello que le corresponda.

2. Estudio en Clases. Por lo general, las iglesias organizan localmente un curso o cursillo de un máximo de diez horas de duración (se dictan también en campamentos o institutos). Los alumnos tienen el derecho de recibir el diploma o sello respectivo cuando: (1) están presentes, por lo menos, en seis de los diez períodos de cuarenta y cinco minutos o alcanzan un mínimo de cuatro horas y media de clases; (2) leen todo el libro; (3) aprueben el examen que el maestro les dará. (Si el alumno asiste a todas las clases y lee todo el libro, queda eximido del examen.)

La persona que ha dirigido un cursillo o una de las clases, puede hacer una lista con los nombres de los alumnos que tienen derecho al diploma o al sello y enviarla a la agencia en su país facultada para expedir diplomas y sellos.

Ideas para Organizar un Estudio Bíblico
con los Libros de la
COLECCION ESTUDIOS BIBLICOS BASICOS

Estudio de lunes a viernes. Dos clases de cuarenta y cinco minutos cada noche. Todo el estudio puede ser dirigido por una misma persona o encargar a distintos hermanos las clases de una de las noches.

Estudio de domingo a miércoles. Este es el plan más popular en varios países: principian el estudio el domingo por la mañana en el culto de adoración. El pastor o un predicador invitado predica usando como base el primer capítulo del libro. En el culto de la noche se continúa de la misma manera. Luego se reúnen el lunes, martes y miércoles (o usan como último día cuando tienen la reunión semanal de estudio bíblico y oración). Se ha observado que una hora cada noche es un tiempo razonable.

Estudio de domingo y un día entre semana. Algunas iglesias usan el tiempo de la escuela dominical, el culto de la mañana y el de la noche. Luego se reúnen el día de entre semana dedicado al estudio bíblico y la oración para un estudio especial de dos horas.

Estudio de viernes a domingo. Se principia el viernes a las seis de la tarde con una cena y se continúa de 6.30 a 9.00 con el estudio; el sábado estudian también por la tarde de 7.00 a 9.00 y se aprovechan las tres actividades del domingo; escuela dominical y los cultos de la mañana y la noche.

Estudio de un día domingo. Se puede iniciar el estudio en el tiempo de la escuela dominical, y seguir con el mensaje del pastor basado en el capítulo siguiente del libro. Toda la congregación participa en el templo de un almuerzo, y a la 1.30 continúan con los períodos de estudio hasta las 6.00. El culto de la noche será breve pero de inspiración y clausura del estudio.

Estudio de cinco domingos. El pastor predica durante un mes sus mensajes de la mañana y de la noche basados en un capítulo del libro.

Estudio en un retiro. Un fin de semana toda la iglesia va a un lugar para campamentos y comienzan el estudio el viernes por la noche; continúan el sábado por la mañana y por la tarde hasta la hora de regresar. El domingo, el pastor predica sobre el tema central del libro. Se puede adaptar el mismo estudio para los niños y un equipo de maestros conducir los diferentes grupos.

COLECCION ESTUDIOS BIBLICOS BASICOS
LISTA DE LIBROS PUBLICADOS

ANTIGUO TESTAMENTO

EXODO: Llamados a una Misión Redentora. Kelley
JOB: Un Enfoque a la Providencia y la Fe. Smith
SALMOS: Cantos de Vida. Wood
ISAIAS: Heme Aquí, Envíame a Mí. Guffin
JEREMIAS: Testigo Audaz. Honeycutt
OSEAS: Profeta de la Reconciliación. Wood
AMOS: El Predicador Laico. Yates
MALAQUIAS: Reavivar el Fuego de la Fe. Kelley

NUEVO TESTAMENTO

MATEO: El Rey y el Reino, Leavell
MARCOS PRESENTA AL SALVADOR. Brown
LUCAS: El Evangelio para Todos. Stagg
JUAN TESTIFICA DE JESUS. Sullivan
HECHOS: Colaborando en la Misión de Cristo. Jones
ROMANOS: El Evangelio para Todo Hombre. MacGorman
1 CORINTIOS: Normas para el Pueblo de Dios. Howard
2 CORINTIOS: Comisionados para Servir. Harbour.
GALATAS: Libertad en Cristo. Colson, Dean
EFESIOS: El Nuevo Pueblo de Dios. Tolbert
FILIPENSES: Alégrense en el Señor. Robbins
COLOSENSES: ¡Cristo la Plenitud! Songer
TESALONICENSES: El Señor Viene. Cevallos
TIMOTEO Y TITO: Obreros Aprobados. Varios Autores
HEBREOS: Un Llamamiento a la Consagración. Dean
SANTIAGO: Bases para una Etica Cristiana. Harrop
1 PEDRO: Mensajes de Estímulo. McClanahan
FILEMON, 2 PEDRO Y JUDAS. Canclini
LAS EPISTOLAS DE JUAN. Hendricks
APOCALIPSIS: Visión del Triunfo Final. Canclini